Julie von Bismarck

Zusammenhänge im Pferd Teil II

Impressum

Julie von Bismarck
„Zusammenhänge im Pferd"
ISBN: 978-3-9820414-8-3

Copyright Julie von Bismarck
1. Auflage, Paperback
Erscheinungsdatum 2020
Umschlaggestaltung: Julie von Bismarck
Umsetzung Josephine Küchenmeister
Druckerei und Versand: BoD
Selbstverlag Verlag von Bismarck
Julie von Bismarck
Herrenholz 18
23556 Lübeck
Abbildungen privat, Fotos: privat und istock photo
Printed in Germany

Für all die Pferde meines Lebens und besonders für meinen besten Freund, Summer, dessen Leben viel zu kurz war und der mich so viel gelehrt hat wie kein anderes Pferd zuvor.
I miss you, my friend. And I will love you for the rest of my life.

An die Pferde.

Ihr sanftmütigen, freundlichen Tiere - ich danke Euch.
Ich danke Euch für den unvergleichlichen Trost, den ein einziges sanftes Pusten aus Euren weichen Nüstern spendet.
Ich danke Euch für die tiefe Ruhe, die ein Blick in Eure milden, braunen Augen hervorruft.
Und für den Frieden den ihr ausstrahlt, wenn ihr gemütlich grasend über die Weiden zieht oder des Abends im Stall genüsslich Euer Heu zermahlt.
Ich danke Euch für das ganze Glück, das in einem zufriedenen Schnauben liegt.
Und für das unvergleichliche Gefühl der Freiheit, das nur ein schneller Galopp auf Eurem Rücken auslösen kann.
Ich danke Euch für eine Kindheit und Jugend voller Stoppelfelder, Stürze und stolzer Siege und für tausende wundervolle, einzigartige Erinnerungen, die ich ohne Euch nicht hätte.

Ich danke Euch für Eure Neugier, Eure Freundlichkeit, Eure Zugewandtheit, für Eure leise und unmissverständliche Kommunikation, für Eure Toleranz.

Ihr seid uns Menschen in so vieler Hinsicht überlegen. Am meisten aber in Eurer Sanftmütigkeit.

Eure Sanftmut und Freundlichkeit sind größer als Eure Kraft, die ihr so leicht gegen uns Menschen ausnutzen könntet.

Wie viele von Euch begrüßen ihren Reiter Tag für Tag wieder voller Freundlichkeit, selbst wenn dieser Euch (bewusst oder unbewusst) Schmerzen zufügt.

Ihr bleibt die leise schnaubenden, freundlichen, gutmütigen Wesen, deren milder Blick weiterhin vertrauensvoll und zugewandt auf den Menschen ruht. Wesen, deren Neugier und Sanftheit nur mit außergewöhnlicher Gewalt zu zerstören ist. Was in jedem einzelnen Fall mehr über den so handelnden Menschen aussagt, als über Euch.

Liebe Pferde, ich danke Euch von ganzem Herzen. Für Eure Freundschaft, Euer Vertrauen und Eure Zugewandtheit.

Ich danke Euch für alles, was ihr uns Menschen über uns selber beibringt.

Ein Wort vorab

Dass ich Bücher über die Zusammenhänge im Pferd und die Besonderheiten des Pferdes schreiben würde, die mir über die vielen Jahre als Reiterin aber auch während der Behandlung verschiedenster Pferde in aller Welt auffielen, war eigentlich gar nicht geplant.
Ursprünglich wollte ich Geschichten schreiben, Romane und Erzählungen, in die man eintauchen und alles andere um sich herum vergessen kann, nach deren Lektüre der Leser das Buch glücklich zuklappt - mit einem Seufzer der zugleich Bedauern und Freude ausdrückt. Kurzum: Bücher, deren abgewetzte Rücken Jahre später davon zeugen, wie viel Freude sie ihren Lesern immer wieder gebracht haben.

Und ich wollte jene Geschichten aufschreiben, die gelesen werden *müssen*: Über die Rücksichtslosigkeit mit der der Mensch die Erde und die Tiere die auf ihr leben zerstört.
In Worte fassen wie die friedfertigen Orang-Utans, die seit Jahrhunderten in ihrem Urwald leben und niemandem je auch nur ein Haar gekrümmt haben, sich nun verzweifelt riesigen Rodungsmaschinen entgegenstellen müssen, um ihre Bäume zu verteidigen - und dies mit ihrem Leben bezahlen.
Über die Schimpansen berichten, deren Lebensraum auf die gleiche brutale Weise Jahr für Jahr schrumpft.
Die Geschichten der urzeitlichen Nashörner erzählen, die schon vor Millionen Jahren friedlich auf diesem Planeten lebten und die der Mensch seit Jahrzehnten auf brutalste Weise einfach auslischt. Für immer und

ohne Wiederkehr. Nur um ihre Hörner zu Pulver zu zermahlen und dieses zu essen - ein Pulver, dass er ebenso gut aus seinen eigenen Fingernägeln und Haaren gewinnen könnte...

Doch während meiner Arbeit in der Behandlung von Pferden wurde mir immer klarer, dass auch die Pferde von einer ähnlichen Erscheinung betroffen sind.
Natürlich nicht in dem Ausmaß wie Nashörner oder Orang-Utans - aber auf der ganzen Welt leiden jeden Tag Pferde unter körperlichen Schmerzen, Angst und Stress. Und, auch wenn sich das komisch anhört, in gewisser Weise unter dem Verlust ihres Lebensraumes. Und auch sie haben meist keine große Lobby.

Als mir dies bewusstwurde beschloss ich, dass die anderen Geschichten zugunsten der Veröffentlichung meiner Erfahrungen mit den Pferden würden warten müssen. Denn ich bin überzeugt, dass jeder Reiter der ein tieferes Verständnis darüber erlangt *warum* die ursprünglichen Regeln und Werte der Reiterei so wichtig sind, anders mit seinem Pferd umgehen wird.

So kam es, dass ich Bücher über meine Beobachtungen und Erfahrungen mit den Pferden zu schreiben begann. Wie viel Zeit und Arbeit tatsächlich in ein einziges solches Buch fließen, war mir vorher gar nicht bewusst. Im Gegenteil: Ich habe früher immer neidisch auf die Schriftsteller geschaut, deren Bücher ich verschlang. Ein absoluter Traumberuf, dachte ich.
Ich stellte mir vor wie ich morgens in der friedlichsten, vollkommensten Ruhe gemütlich mit einer dampfenden Tasse Kaffee an einem wunderschönen Schreibtisch

sitzen und meinen Blick über die im Morgengrauen grasenden Pferde vor meinem Fenster schweifen lassen würde, einen Schluck duftenden Kaffees trinken, den zu meinen Füßen ruhenden Hunden die Köpfe tätscheln und dann beglückt ein paar hundert Seiten füllen - ohne jede Anstrengung.

Die Wirklichkeit sieht so aus: Wenn ich Glück habe schleiche ich mich morgens gegen 4 Uhr die knarzende, alte Treppe hinunter und setze mich so leise wie möglich an den Tisch zwischen die laut schnarchenden Hunde. Dann schreibe ich bis 6h, manchmal 7h, je nachdem wann Mann und Kind aufwachen - aber letzteres passiert absolut zuverlässig immer dann, wenn ich gerade in einem besonders komplizierten Gedankengang stecke. Denn nein, die Bücher schreiben sich leider doch nicht von selbst, sondern erfordern meine gesamte Aufmerksamkeit und Konzentration...
Dennoch ist dies ist nun bereits das fünfte Buch zum Thema Pferde und Reiten und der Grund dafür ist ganz einfach: Ich tue dies in der Hoffnung, ein tieferes Verständnis zu schaffen für das Wesen Pferd.

Ich verdanke den Pferden so viel - das Mindeste was ich tun kann, ist Ihnen eine Stimme zu geben.

Informationen zum Buch:

Ich habe die Zeichnungen in diesem Buch selbst angefertigt und sie sind daher, ebenso wie die meisten eigenen Fotografien, nicht wirklich perfekt. Aber sie sind authentisch.

Wie immer geben alle Texte in diesem Buch ausschließlich meine persönliche Meinung und meine persönlichen Erfahrungen wieder. Das Buch hat weder den Anspruch, ein Fachbuch zu sein, noch einen Anspruch auf Vollständigkeit. Wie schon im ersten Teil habe ich auch in diesem Buch vieles zugunsten der besseren Nachvollziehbarkeit vereinfacht dargestellt.

1. Kapitel
Pferdefreunde

Die meisten von Ihnen können sich bestimmt noch an diesen besonderen Moment erinnern, wenn man auf seinem viel zu großen (Pflege-) Pferd oder Pony, welches Sternchen hieß oder Kalif oder Prinz oder Georgia, mit zweimal umgeschlagenen Steigbügelriemen auf einen riesig erscheinenden Sprung zu ritt und seinem Pferd Mut zusprach - oder eigentlich mehr sich selbst oder beiden:
„Komm, Sterni/Kali//Prinzi/Georgi, das schaffen wir!"
Und man sein Herz über die Hürde warf und hoffte, ebenfalls auf der anderen Seite anzukommen.

Das Gefühl ein Team zu sein, sein Wohl und Wehe dem Pferd anzuvertrauen und sich darauf zu verlassen, dass das Pferd einen nicht im Stich lassen wird.
Das Gefühl der unbändigen Freude und des Stolzes, wenn man unversehrt auf der anderen Seite des Sprunges angekommen war, wie man Sterni oder Kali noch im Galopp um den Hals fiel und klopfte und lobte, über das ganze Gesicht strahlend und lachend.
Wie man nach dem Reiten die Beine seines Pferdes abspritzte und den Hals und die Sattellage und sich lang machen musste, um mit dem Schweißmesser das Wasser abzuziehen.
Wie man sein Pferd währenddessen ununterbrochen mit Lobeshymnen überzog, ihm die größten Mohrrüben- und Haferportionen versprach und einem das Herz überschäumte vor Glück und Dankbarkeit, dass einen dieses Pferd nicht im Stich gelassen hatte.

Wie Kalif oder Sternchen, Prinz oder Georgia scheinbar in sich hineinlächelnd neben einem auf dem Waschplatz standen, geduldig einen Fuß nach dem anderen hebend, damit man kleiner Steppke noch die Hufe auskratzen und einfetten konnte.

Wie man dann später am Tag mit seinen Freunden am Weidezaun stand und voller Stolz auf Sterni oder Kali oder Prinz oder Georgi zeigte und davon berichtete, was für einen gewaltigen Sprung man heute überwunden hatte.

Wie man abends noch einmal in den Stall schlich und seinem Freund die versprochenen, heimlich aus dem Kühlschrank entwendeten, Mohrrüben brachte.

Was wir alle damals als Kinder wussten, weshalb wir unseren Pferden so unermesslich dankbar waren, war der Fakt, dass wir unser Pferd niemals „kontrollieren" hätten können.

Niemals.

Nicht am Boden, nicht unter dem Sattel.

Wir wussten, dass wir auf die Freundlichkeit und Bereitschaft der Pferde angewiesen waren mit uns zu kooperieren, und dass wir ohne diese Bereitschaft keine Chance gehabt hätten das Pferd auch nur von der Weide zu holen – geschweige denn zu reiten oder dazu zu bringen, mit uns einen Sprung zu überwinden.

Unsere Pferde waren unsere besten Freunde und keiner von uns wäre jemals auf die Idee gekommen, einem Pferd Schmerzen oder Leid zuzufügen oder es gar „beherrschen" zu wollen. Uns Kindern war es ein Selbstverständnis, dass man einem Freund mit Respekt,

Liebe und Vertrauen begegnet, weil es eben genau das ist, was eine Freundschaft ausmacht.

Vielen erwachsenen Reitern fällt es schwer, sich dieses kindliche Selbstverständnis zu erhalten. Negative Erfahrungen, Stürze aber auch einfach die eigene körperliche Stärke und die Möglichkeit der Nutzung diverser Ausrüstungsgegenstände für „Kontrolle" über das Pferd, verleiten viele erwachsene Reiter dazu auf eben diese zuzugreifen. In den allermeisten Fällen geschieht dies nicht in der Absicht, dem Pferd Schmerzen zu zufügen, sondern aus Angst vor Kontrollverlust - und um mangelndes Können zu kompensieren. Über die Folgen für das Pferd sind sich viele Reiter gar nicht wirklich bewusst.

Der Glaube, es ginge beim Reiten um Kontrolle ist hier der bestimmende Faktor und das kuriose ist: Es geht beim Reiten tatsächlich um Kontrolle.

Nur eben nicht um die Kontrolle des Reiters über das Pferd, sondern um die Kontrolle des Reiters über sich selbst. Um seine Körperbeherrschung, seine Fitness, seine Konzentration, seine Selbstdisziplin.

Reiter, die das verinnerlicht haben, sind sehr viel weniger gefährdet ihrem Pferd versehentlich Schaden zuzufügen. Reiten bedeutet in Wahrheit konstante Arbeit am eigenen Können und ständige Selbstreflektion. Denn - auch wenn sich das der eine oder andere von Sitzübungen und Stürzen geplagte Reiter wünschen mag:

Ausrüstung ist natürlich in keiner Weise ein Ersatz für Ausbildung. Das kann sie auch gar nicht sein.

Und das gilt sowohl für die Ausbildung des Pferdes, als auch für die des Reiters.

Quelle: istock

Ausrüstung ist kein Ersatz für Ausbildung - weder für die des Reiters, noch für die des Pferdes. Der Einsatz solch schmerzhafter „Hilfsmittel" und derart zugeschnürte Nasenriemen helfen nur dem Reiter, dem Pferd hilft so etwas durchaus nicht - es fügt ihm im Gegenteil Leid und Schaden zu.

Bestimmte Ausrüstungsgegenstände mögen es dem Reiter vereinfachen, das Pferd zu den gewünschten Leistungen zu bringen oder selber einfacher im Sattel zu bleiben - aber das ist nicht das Ziel des Reitens.

Das Ziel des Reitens ist es mit möglichst *wenig* Ausrüstung auszukommen, und das geht nur mit einer viele Jahre dauernden, gründlichen reiterlichen Grundausbildung. Dazu sei angemerkt, dass die Ausbildung eines Reiters nie wirklich abgeschlossen ist, da man sich zeitlebens immer wieder vom Boden aus korrigieren lässt.

Wenn man selber im Sattel sitzt, kann man nun einmal nicht sehen wie das Pferd sich gerade bewegt, ob man selbst im Gleichgewicht oder schief sitzt, ob das innere Hinterbein wirklich in die Spur des Vorderbeines fußt...

Der Spiegel ist definitiv kein Ersatz für einen fähigen Reitlehrer/Trainer, welcher sich einschleichende Fehler anspricht und Feedback zu Haltung und Bewegung von Reiter und Pferd gibt.

Wer glaubt, ein Spiegel reiche zur Korrektur seiner Fehler, riskiert, seinem Pferd damit Schaden zuzufügen. Denn im Spiegelbild kann man sehr leicht immer nur genau das sehen, was man gerne sehen möchte.

Ein wirklich guter Reiter wird sich daher immer jemanden suchen, der ihn vom Boden aus korrigiert.

Eine solide, vielseitige reiterliche Ausbildung ist nicht nur wichtig für den Sitz und die Körperbeherrschung, sie ist auch das einzig wirksame Mittel gegen Angst.

Nur wer sich im Umgang mit dem Pferd und im Sattel sicher und Zuhause fühlt wird keine Angst vor Kontrollverlust haben, einen losgelassenen Sitz und eine entspannte innere Einstellung entwickeln und das Pferd dementsprechend nicht in seinem natürlichen Bewegungsablauf stören oder es durch die eigene Anspannung in Stress versetzen.

Zusätzliche Ausrüstung hingegen, ist auch für unsichere Reiter immer nur ein Hilfsmittel. Sie mag kurzfristig ein sichereres Gefühl vermitteln, aber sie führt *nicht* dazu, dass der Reiter seine Unsicherheit oder Angst verliert.

Andersherum würde ein Reiter, der seinem Pferd und seinen eigenen Fähigkeiten vollumfänglich vertraut und mit dem größten Selbstverständnis auf dem Pferderücken sitzt, gar nicht auf die Idee kommen zu zusätzlicher Ausrüstung zu greifen, um sein Pferd zu kontrollieren - weil er es schlicht nicht benötigt.

Mit Pferden aufgewachsen zu sein und bereits als Kind vollkommen selbstverständlich ohne Sattel nur mit Halfter und Strick ausgeritten, gesprungen und über Stoppelfelder galoppiert zu sein und Stürze, Bocken und Durchgehen als genauso selbstverständlichen Teil des Reitens zu betrachten, wie die unendliche Freiheit und Freude sowie die heimlich dem Pferd zugesteckten Mohrrüben ist daher ein großes Glück. Ein Glück, das heute leider nicht alle Reiter haben oder hatten.

Manche der heutigen Reiter wurden und werden in Reitschulen ausgebildet, in denen man ihnen lediglich vermittelt wie man lenkt, bremst und Gas gibt.

Sie werden aus dem Reitunterricht entlassen (oder entlassen sich selbst), wenn sie ein Pferd in den 3 Grundgangarten reiten, steuern und wieder anhalten können. Und nicht wenige von ihnen halten ihre reiterliche Ausbildung damit für abgeschlossen.

Folglich gibt es heute etliche auf „Kandaren-Niveau" (und auf jedem anderen Niveau) reitende Reiter, denen in Wahrheit schlicht die Grundausbildung fehlt.

Es gibt heute Reiter, die noch nie in ihrem Leben ohne Sattel, ja nicht einmal ohne Steigbügel, Schritt-Trab-Galopp oder gar Lektionen, Sprünge oder im Gelände geritten sind und die sich ohne ihren sie am Pferd fixierenden Sattel und ohne sich am Zügel festzuhalten fast nicht auf dem Pferd halten können - geschweige denn in der Lage sind mit feinen Hilfen zu reiten.

Infolgedessen wird noch mehr Ausrüstung genutzt:

Sei es die Reithose mit am Sattel klebendem Silikonbesatz, das schärfere Gebiss, der längere Sporn mit dem spitzeren Rad, der Schlaufzügel oder die Aufziehtrense.

Die heutigen vielerorts verfügbaren Pferde, die auf spektakuläre Bewegungen und höhere Duldsamkeit gezogen werden und sich tatsächlich deutlich mehr gefallen lassen als unsere Pferde früher, machen es solchen Reitern leider nicht selten möglich, trotz rudimentärer Reitausbildung im Sattel zu bleiben.

Aber die Pferde zahlen den Preis dafür mit ihrer Gesundheit.

Die „Bravheit" der Pferde täuscht, denn in Wahrheit haben sich ihre Instinkte, ihr Organismus und das Wachstum natürlich nicht verändert und sie nehmen genauso Schaden wie ihre wehrhaften Artgenossen, die einen solchen Reiter kurzerhand abgesetzt hätten.

Es ist anzunehmen, dass die „modernen" Pferde sogar eher noch mehr Schaden davontragen, da ihre großen Bewegungen und die häufig (zu) langen Beine eigentlich eine noch viel gewissenhaftere, langsamere und durch einen sehr guten Reiter durchgeführte Ausbildung erfordern würden, als dies bei den kurzbeinigen, robusten Pferde von früher der Fall war.

Jeder weiß, dass Pferde nicht dafür gemacht sind einen Reiter zu tragen und dass es daher fundamental wichtig ist das Pferd - wenn man es denn reiten möchte - fortwährend zu gymnastizieren und zu kräftigen.
Und genau zu diesem Zweck wurden die alten Regeln und Vorschriften der Reiterei erdacht:
Um den Reitern eine Anleitung zu geben, wie sie sich und ihre Pferde so ausbilden, kräftigen und gymnastizieren können, dass die Pferde durch das Reiten keinen Schaden zu nehmen.
Obwohl diese Regeln und Vorschriften nachweislich funktionieren, wird heute vielerorts so getan, als seien sie nicht mehr notwendig für die Gesunderhaltung des Pferdes.
Das ist ein Irrtum.
Es ist ein Irrtum zu glauben, dass ein hochveranlagtes Pferd einem die Arbeit verkürzt oder die Zeit, bis man es „vorstellen" und hohen Anforderungen aussetzen kann. Natürlich ist das machbar - aber nicht, ohne dass das Pferd Schaden nimmt.
Es ist ebenfalls ein Irrtum, dass die Relevanz der Fähigkeiten des Reiters dadurch in den Hintergrund rückt und man sich die reiterliche Ausbildung in weiten Teilen sparen kann, da die Pferde ja quasi von jedem „zu bedienen" sind.

Nun fragt sich vielleicht der eine oder andere Leser, was das reiterliche Können mit der Gesundheit des Pferdes zu tun hat und genau das wollen wir in diesem Buch genauer erörtern, aber so viel vorab:

Wir Reiter können unseren Pferden schon in dem Moment körperlichen Schaden zufügen, in dem wir unsere Emotionen nicht beherrschen. Also schon lange bevor wir schief gesessen haben, dem Pferd in den Rücken gefallen sind oder gar unsere mangelhaften Fähigkeiten durch (fast immer für das Pferd mit Zwang und Schmerz verbundene) Ausrüstungsgegenstände zu kompensieren versucht haben.

Das Fehlen einer gründlichen reiterlichen Grundausbildung fügt dem Pferd Schaden zu, weil der Reiter unsicher ist, kein Vertrauen in das Pferd und (ganz wichtig!) seine eigenen Fähigkeiten hat, sich festhält, unbalanciert sitzt oder das Pferd anderweitig in seinen natürlichen Bewegungsabläufen stört, es durch seine eigene Angst und Unsicherheit in Anspannung versetzt oder es in eine Haltung zwingt, für die sein Bewegungsapparat nicht ausgelegt ist. Und diese Haltung fängt durchaus nicht erst an, wenn das Pferd sich in die Brust beißt, sondern bereits dann, wenn der Reiter versucht, das Pferd durch Einwirkung auf den Kopf beizuzäumen. Schon in dem Moment, in dem wir mit viel Druck auf den Unterkiefer und den Kopf des Pferdes einwirken, kommt es zu Läsionen, Blockierungen und Störungen der Muskelfunktionen – ergo: der natürlichen Bewegungsabläufe des Pferdes.

Niemand von uns möchte seinem Pferd schaden – im Gegenteil, die meisten von uns lieben ihre Pferde über alles. Und dennoch passiert genau das:

Jeden Tag, überall auf der Welt, fügen Reiter ihren Pferden Schaden zu. Einfach nur, weil die zur

Gesunderhaltung des Pferdes notwendigen reiterlichen Fähigkeiten fehlen.

Wir können uns daher gar nicht oft genug bewusst machen, wie wichtig die ständige Arbeit an unserer körperlichen Fitness, unserer Konzentration und Selbstbeherrschung sprich: an unserem reiterlichen Können ist.

Ein Beispiel:
Wie viele Reiter wissen heute noch was eine Zügelbrücke ist? Und wie viele von denjenigen, die es wissen, nutzen diese?

Eine Zugelbrücke dient unter anderem dazu, ein Pferd lange Strecken im leichten Sitz galoppieren zu können ohne es dabei im Maul zu stören.

Ebenfalls nutzt man dieses Hilfsmittel, um eine gleichmäßige Verbindung zum Pferdemaul zu schaffen, sprich: Um sich selbst daran zu hindern, ständig mit den Zügeln einzuwirken und sich stattdessen auf die Hilfengebung über den Sitz zu konzentrieren.

Für eine Zügelbrücke nimmt man den Zügel doppelt und stützt ihn im Falle des Galopps im leichten Sitz über den Mähnenkamm des Pferdes oder hält die Zügel auf diese Weise in den geschlossenen Fäusten, wenn man die Zügelbrücke einfach als Hilfe für eine ruhige und stetige Verbindung und zur Verhinderung unnützer Einwirkung auf das Maul nutzt.

Durch das doppelte fassen kann man das Zügelmaß nämlich nicht einfach so verändern und schon gar nicht beliebig und in großem Maße auf das Pferdemaul einwirken - wie es viele Reiter leider gewohnt sind.

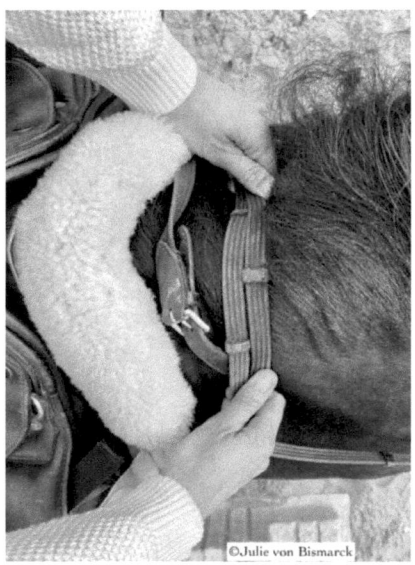

Zügel doppelt fassen

Die Zügelbrücke

Anwendung beim normalen Reiten für eine ruhige Verbindung und „Abschaltung" der ständigen Einwirkung auf das Pferdemaul.

Links: Anwendung für langes Galoppieren im leichten Sitz, um das Pferd dabei nicht im Maul zu stören.

Der Zügel bleibt in einer Länge, es gibt kein Geziehe und Geriegele, man reitet das Pferd am Sitz.

Das findet heute schon deshalb kaum noch statt, weil viele Reiter 1. gar nicht erst in dieser Weise lange Strecken im leichten Sitz galoppieren und 2. schon in der Reitbahn viel zu große Angst hätten, wenn sie nicht permanent mit den Zügeln auf das Pferdemaul einwirken könnten.

Natürlich gilt das nicht für alle Reiter, aber vielerorts ist genau das die Realität.

Wie viele Reiter kennen sich hingegen genauestens aus mit allen verschiedenen Gebissen und Zäumungen sämtlicher Anbieter „zur besseren Einwirkung (Kontrolle) auf das Pferdemaul", wissen, was ein Schlaufzügel oder eine Führkette ist und was Grip- oder Silikonbesatz? Für wie viele von ihnen spielen solche Hilfsmittel im Umgang mit dem Pferd und beim Reiten eine Rolle?

Das ist natürlich nur ein kleines Beispiel, aber es steht für einen Wandel zu Lasten des Pferdewohles.

Nehmen wir einfach einmal an, dass alle Reiter und Pferde nach den alten Richtlinien (wie sie zum Beispiel in der Heeres-Dienstvorschrift 12 abgebildet sind) ausgebildet würden, dann wäre nicht nur ein riesiger Schritt Richtung Pferdewohl getan - auch die Pferdekliniken und Pferdepraxen dieser Welt wären leer.

Und das ist keine Übertreibung, das meine ich genauso. Der weitaus größte Teil aller Sehnenverletzungen, Gelenkentzündungen, Koliken, Atemwegs-

erkrankungen, Verdauungsstörungen, Rücken-
beschwerden etc. die ich in meiner Laufbahn gesehen
habe, ging auf Reiterfehler zurück.

Lassen Sie uns ein ganz einfaches Beispiel ansehen:
In dem Moment, in dem ein Reiter seinem Pferd
kurzerhand den Kopf nach unten zieht, anstatt es
geduldig und ausdauernd darin zu bestärken sich von
selbst in einer natürlichen Haltung (mit offenem
Genick) an den Zügel heranzudehnen, blockiert er
bereits mit dieser einen Maßnahme die natürlichen
Bewegungsabläufe des Pferdes und zwingt es dazu,
diese anderweitig zu kompensieren/möglich zu machen.

Erfahrungsgemäß werden dadurch - je nach Stärke des
Zuges am Zügel - zuerst das Genick, das Zungenbein
und die Kiefergelenke des Pferdes in Mitleidenschaft
gezogen und über die von dort bestehenden
Verbindungen dann auch das Kreuzbein (eine
Bewegungseinschränkung im Genick überträgt sich
immer auch auf das Kreuzbein und andersherum), auf
die Schulter (die Bewegungseinschränkung des
Zungenbeines stört unter anderem die physiologische
Funktion des Schulter-Zungenbeinmuskels, welcher aus
der Schulterfaszie entspringt) und die
Kreuzdarmbeingelenke, die als Spiegelgelenke der
Kiefergelenke immer von Läsionen derselben betroffen
sind (siehe „Zusammenhänge im Pferd" Teil I).
Durch die Bewegungseinschränkung in einem oder
beiden Kreuzdarmbeingelenken kommt es nun zu
Fehlbelastungen in der Hintergliedmaße und in der
Folge zu Erkrankungen und Verletzungen von

Fesselträger, Knie, und Gleichbeinen, um nur einige der am Häufigsten betroffenen Strukturen zu nennen.

Eine reelle Lastaufnahme sowie Schub- und Schwungübertragung aus dem Hinterbein auf den Rücken finden ebenfalls nicht mehr in dem natürlichen Ausmaß statt, was wiederum die Vorhand vermehrt belastet.

Wird nun länger in dieser Art geritten, blockiert sich auch der Übergang zwischen Hals und Schulter. Unter anderem auch deshalb, weil einer der wichtigsten Vorführer der Vordergliedmaße, der sogenannte Musculus brachialis zu deutsch: Arm-Kopf-Muskel, in seiner Funktion verändert wird.

Er führt die Vorderbeine nun nicht mehr entspannt und möglichst weit nach vorne - das geht nur bei angehobenem Widerrist und Rücken und geöffnetem Genick - sondern mit einer stark verkürzten Vorführphase vermehrt nach oben.

Dieser Muskel verbleibt bei anhaltender Belastung (wie jeder Muskel) schnell in Kontraktion, kann also nicht mehr in seine neutrale Ausgangssituation = in die Entspannung zurückkehren und ermüdet schließlich.

Besagter Muskel ist, wie viele andere Hals- und Schultermuskeln, die ebenfalls von einer solchen Reitweise betroffen sind, Teil des Trageapparates. Die Ermüdung dieser Muskeln durch dauerhafte Kontraktion kann daher zu einem Absinken des Rumpfes zwischen den Vorderbeinen beitragen und dadurch schließlich zur Unreitbarkeit des Pferdes führen.

Ganz konkret verursachen die für das Pferd unnatürlich genutzten und dadurch in Anspannung verbleibenden Hals- und Schultermuskeln aber noch ein ganz anderes, unmittelbares Problem: Sie drücken auf die Nervenfasern des sogenannten Plexus brachialis, eines zwischen den unteren Halswirbeln austretenden, sehr großen Nervengeflechtes. Da die Muskulatur in Anspannung verhärtet und in diesem Fall ja nicht mehr in einen weicheren=entspannten Zustand zurückkehrt, werden durch den mechanischen Druck die Nerven irritiert und es kommt zu Reizleitungsstörungen, welche unter anderem die Strukturen der Vorderbeine betreffen und dort zu Beeinträchtigungen in der Versorgung führen können. Dies ist ein wirklich häufiger und unterschätzter Auslöser für Sehnenverletzungen im Vorderbein. Besonders der oberflächlichen und tiefen Beugesehnen. Es birgt außerdem das Risiko schwerer Stürze.

Das Phänomen kennen Sie vielleicht, wenn Ihnen die Finger zu kribbeln beginnen oder taub werden („eingeschlafene Finger") - auch dies geht in der Regel von muskulären Verspannungen im Schulter-/Nackenbereich aus, wo die harte Muskulatur auf Nerven drückt und diese in ihrer Funktion beeinträchtigt.

Die Strukturen der Vorderbeine unseres Beispielpferdes sind also bereits geschwächt und nun kommt noch hinzu, dass Muskeln, die in Kontraktion verbleiben, naturgemäß auch die optimale Beweglichkeit der Gelenke verhindern. In der Folge werden alle Gelenke, Sehnen und Bänder in der Region der verspannten Muskulatur über- und fehlbelastet.

Und nun raten Sie mal, wer in so einem Fall dann schließlich kaputt geht und dafür sorgt, dass das Pferd in die Klinik fahren muss?

Richtig, die Beugesehne, der Fesselträger oder auch der Gleichbeinapparat. (Je nach Intensität des Trainings und der Einwirkung des Reiters übrigens auch die des Hinterbeines.)

Ohne Unfall, ohne Drama, einfach „nur" ausgelöst durch das falsche Reiten.

Das Pferd in unserem Beispiel hätte dabei noch „Glück" gehabt, denn es hätte ebenso gut zu einem Kolik- statt zu einem Sehnenpatienten werden können:

Zum einen aufgrund der anhaltenden Stressbelastung durch die unnatürliche Haltung/Bewegung und durch die in der übersäuerten Muskulatur entstehenden Schmerzen. Zum anderen, besonders wenn der Reiter dem Pferd auch noch schwer im Rücken sitzt, durch die in Folge einer solchen Reiterei blockierenden Brustwirbel. Denn dies ist, neben anhaltendem Stress, die beste Voraussetzung für Magenerkrankungen und Koliken. (Wie in Teil I von Zusammenhänge im Pferd erläutert.)

Gleiches erreicht übrigens der Reiter, der auf einem Pferd mit weggedrücktem Rücken und hoch erhobenem Kopf herumreitet - selbst, wenn er dabei nicht viel Druck auf dem Zügel haben sollte.

Kurzum: Etliche Muskeln des Pferdes werden durch falsches Reiten in anhaltende Anspannung versetzt und/oder fehlbelastet. Dauerhaft in Kontraktion verbleibende Muskeln sind in ihrer Funktion eingeschränkt, können ihrer Trage- und Haltearbeit nicht nachkommen und die Gliedmaßen nicht physiologisch bewegen. Andere Strukturen müssen das kompensieren und werden dabei überbelastet. Ein enorm großer Teil aller Sehnenschäden und die meisten Fälle von Ermüdung in der Tragemuskulatur sind auf mangelhafte reiterliche Fähigkeiten zurückzuführen. Und dies sind nur zwei Beispiele aus einer schier endlosen Liste.

Wir können die Ausbildung von Pferd und Reiter nach den alten Richtlinien, sowie die fortwährende Arbeit an unseren Fähigkeiten und unserer Fitness daher gar nicht hoch genug bewerten.

Dafür ein Rat: Machen Sie es sich leichter und reiten Sie im Gelände, statt in der Halle oder auf dem Platz.

Das mag sich für den einen oder anderen vielleicht kurios anhören, aber wenn Sie als noch nicht so guter Reiter auf einem erfahrenen Pferd und mit einem ebenso sicheren Führpferd ins Gelände reiten, werden Sie Ihrem Pferd weitaus weniger Schaden zufügen, als wenn Sie in der Halle Runde um Runde vor sich hin traben. Alleine die Unebenheiten und die Verschiedenheit der Böden, die Umwelteindrücke und das längere Zügelmaß im Gelände sind für die Bewegungsabläufe und die Muskulatur des Pferdes von einem enormen Vorteil. Aber auch für Sie selbst wirkt es Wunder: Sie werden sich nämlich viel mehr auf Ihr Pferd und die Umwelt konzentrieren, als auf Ihren Sitz und die Zügel - und das ist in diesem Fall etwas Gutes:

Je weniger Sie sich am Anfang auf Ihren Sitz konzentrieren und je abgelenkter Sie sind, desto entspannter, selbstverständlicher und besser werden Sie eines Tages sitzen. Immer vorausgesetzt, Sie haben die Basisfähigkeiten des Reitens bereits erlernt.

Jeder Baumstamm, den Sie mit dem Pferd überklettern, jeder Hügel, den Sie hinauf oder hinunter reiten, jeder frische Galopp im leichten Sitz bringt Ihnen viel mehr Sicherheit und Selbstverständnis im Sattel, als

jahrelanges in der Halle herumreiten es jemals erreichen kann. Und da letzteres ab einem bestimmten Zeitpunkt häufig auch noch ohne die Korrektur durch einen fähigen Reitlehrer stattfindet, birgt es die Gefahr, dass wir unsere Pferde bei jedem Training in einer für ihre Gesundheit abträglichen Haltung bewegen, sprich:
Sie dazu nötigen, Muskeln und Gelenke in einer Art und Weise einsetzen, die ihrem natürlichen Bewegungsablauf in keiner Weise entsprechen. Und dies führt über kurz oder lang - wenig verwunderlich - zu ernsthaften negativen Folgen.
Selbst wenn wir immer lieb und freundlich zu unseren Pferden sind und glauben, ihnen „nichts zu tun" können wir also Verschleiß, Verspannungen und Schmerzen im Pferd erzeugen. Und zwar genauso (wenn auch nicht ganz so schnell) wie durch Überforderung des Pferdes = indem wir zu hohe Anforderungen an ein nicht gründlich und geduldig vorbereitetes und ausgebildetes Pferd stellen, also Leistungen von unserem Pferd verlangen, denen es weder körperlich noch mental gewachsen ist.

Pferde sind keine Maschinen. Sie sind kluge, hochsensible Säugetiere.
Reiten ist daher eine Kunst, zu der Selbstdisziplin, Fitness, Wissen und Können ebenso selbstverständlich gehören, wie Runterfallen und blaue Flecken.
Sich dieses Können und Wissen anzueignen ist die Voraussetzung für die Gesunderhaltung des Pferdes.

Nur ein Pferdefreund zu sein reicht leider nicht.

Quelle: istock

So wie im Bild beginnen wohl die meisten Reiterkarrieren:
Aus Liebe zum Pferd.

Mitunter bekommt bereits in frühen Jahren die Ausrüstung eine hohe Priorität und ist dann wichtiger, als das Verhältnis zum Pferd und die eigene Ausbildung. Hier sollten Reitlehrer sich in der Pflicht sehen, die richtigen Werte und Ziele zu vermitteln. In meinen Augen bedeutet das: Mit möglichst wenig Ausrüstung auszukommen und Verantwortung für das Wohl des Pferdes zu übernehmen.

So endet es häufig, wenn niemand korrigiert. Viele Reiter glauben „gut reiten zu können", nur weil sie es schon viele Jahre tun.

Früher bekam man die Sporen verliehen - als Anerkennung für gute Reiterei. Heute kann jeder Reiter selbst für sich entscheiden, dass er sporen- oder kandarenreif ist. Und das führt leider oftmals zu Schmerzen und Leiden für die Pferde.

Lassen Sie sich unbedingt regelmäßig von einem guten Reitlehrer korrigieren. Der Spiegel in der Halle sagt Ihnen nicht zwangsläufig die Wahrheit - sondern meistens eher das, was Sie hören oder sehen möchten.

Keinen Druck auf dem Zügel zu haben bedeutet nicht automatisch, dem Pferdewohl entsprechend zu reiten. Auf weggedrücktem Rücken mit hoch erhobenem Kopf ist es für das Pferd einfacher, aber nicht weniger schädlich. Sobald der Reiter sein Gewicht auf den Pferderücken bringt, sind Rücken und Trageapparat des Pferdes in Gefahr. (Bild: istock)

Quelle: istock photo

Ab ins Gelände! Auch einmal ohne Sattel reiten und immer wieder über unebene Böden, durch Wasser und über Hindernisse - das ist die beste Schulung für Reiter und Pferd. Gleichzeitig wird das Vertrauen gestärkt und die Muskulatur von Reiter und Pferd vielseitig = bestmöglich beansprucht und trainiert.

Vorbildlich: nur die nötigste Ausrüstung an Reiter und Pferd, Sattel ohne den Reiter fixierende Pauschen, korrekt bemuskeltes Pferd - und das Reiten findet draußen im Gelände statt.

2. Kapitel
Fakten zum Pferd

Bevor wir uns genauer mit den Zusammenhängen beschäftigen, die zwischen uns Reitern und unseren Pferden wirken, sollten wir uns eines ganz klar vor Augen führen:
Ohne uns Menschen hätten die Pferde keine Magengeschwüre, keine Rückenerkrankungen und keine chronisch entzündeten Atemwege.
Es würde auch kein Pferd unter einem dauerhaft erhöhten Stresslevel stehen, koppen oder weben.

Es ist die Nutzung durch den Menschen, die das Pferd derart negativ beeinträchtigt. Und zwar immer dann, wenn das notwendige Wissen und/oder die Möglichkeiten fehlen, das Pferd so zu halten und zu trainieren, dass es diese Nutzung an Leib und Seele unbeschadet übersteht.
Das liegt nicht etwa daran, dass das Pferd so zerbrechlich ist - im Gegenteil: Ein wildes Pferd ist außerordentlich wehrsam, ausdauernd und überaus robust.
Aber das Leben als Haustier birgt für viele Pferde die Gefahr ernsthafter Erkrankungen, Verletzungen und Dysfunktionen. Und der Mensch trägt die Verantwortung dafür.
Es ist dabei vollkommen irrelevant ob ein Pferd in einem Zaun hängen bleibt, sich beim Verladen verletzt, zu weben/koppen beginnt oder sein Bewegungsapparat durch falsches Reiten, unpassende Ausrüstung, Druck

oder Zwang in seinen natürlichen Funktionen gestört wird und Schaden nimmt.

Man hört dann Sätze wie: „Mein Pferd hat sich auf der Weide/beim Verladen verletzt", „Mein Pferd hat eine schlechte Angewohnheit" oder „Mein Pferd ist so unrittig und widersetzlich".

Aber das stimmt einfach nicht:

Nicht das Pferd hat sich verletzt, sondern der Mensch hat das herbeigeführt - indem er es auf eine nicht pferdegerecht eingezäunte Weide gestellt hat und/oder indem er es in einen Anhänger verlädt.

Das Pferd hat auch keine schlechte Angewohnheit:

Es beginnt zu weben oder zu koppen, weil der Mensch ihm ein natürliches Leben verwehrt, weil es seinem Bewegungsdrang nicht nachkommen kann, nicht mit seinen Kumpanen spielen und Fellpflege betreiben, nicht gemütlich grasend über eine riesige Weide ziehen. Und weil es aufgrund all dessen vermutlich unter großer innerer wie äußerer Anspannung steht.

Nicht das Pferd ist „unrittig" oder „widersetzlich", der Mensch hat durch sein Reiten Schmerzen, Blockierungen, verspannte Muskeln oder Erkrankungen im Pferd hervorgerufen, die es nun an der Ausführung der gewünschten Bewegungen und Aufgaben hindern.

An nichts von alledem trägt das Pferd die Schuld.

Das sollte jedem klar sein, der ein Pferd reiten oder halten möchte.

Natürlich werden viele Leser jetzt denken:

„Naja, Pferde in freier Wildbahn verletzen sich auch, haben außerdem nicht so gutes Futter, nicht so viel

Sicherheit vor Raubtieren und eine geringere Lebenserwartung", und das stimmt.

Wilde Pferde haben keinen Tierarzt, laufen Gefahr, nicht genug Futter und Wasser zu finden oder einfach gefressen zu werden.

Ich habe aber zu viel gesehen, um mich nicht hin und wieder ernsthaft zu fragen, ob das Leben etlicher domestizierter Pferde wirklich besser ist.

Viele von ihnen leiden dauerhaft, jeden Tag.

Und wie viele Pferde in einigen Sparten der Reiterei werden heute auch nicht mehr alt?

Trotz besten Futters, ständiger tierärztlicher Betreuung und der Sicherheit eines Stalles?

Es ist eben nicht nur das Raubtier, das ein Pferd in Stress versetzen, verletzen oder töten kann. Der Mensch ist dafür ebenso gut geeignet.

Unsere heutigen Pferde ziehen längst nicht mehr grasend in Herden über unendliche Flächen rauer Steppe. Und dennoch sind ihr Körper und ihr Organismus nach wie vor genau auf dieses Leben ausgerichtet: Der Pferdemagen ist immer noch genauso klein wie er es früher war und das Pferd daher auch immer noch genauso auf ständige Nahrungsaufnahme angewiesen.

Die Därme des Pferdes sind immer noch genauso lang und genauso schwer wie die ihrer Vorfahren, die als Steppenbewohner lebten. Das Nacken-Rückenband übernimmt nicht nur weiterhin seine wesentliche Funktion in der Statik, wie es das bei vielen langhalsigen Tieren tut, es ist auch heute noch bei jedem Pferd als Aufspanner der Wirbelsäule tätig, sobald das Pferd den Kopf senkt.

Und zwar, um beim ursprünglich mindestens sechszehnstündigen Grasen eine Gegenspannung zu den an der Wirbelsäule aufgehängten und nach unten ziehenden Gedärmen zu bilden, die schon im leeren Zustand 5% des Körpergewichtes ausmachen. (Was sich während der Nahrungsaufnahme schnell vervielfacht.)

Der Unterkiefer schiebt sich immer noch nach vorne, wenn das Pferd den Kopf senkt, um die Schneidezähne übereinander zu stellen und so das Gras mit einer Präzision abrupfen zu können, die mich jedes Mal wieder zutiefst beeindruckt. Haben Sie schon einmal beobachtet, wie ein Pferd ganz kurzes Gras abbeißt? Dann wissen Sie, über was für vermeintlich winzige Bewegungen ich hier spreche und von was für einer immensen Wichtigkeit eben diese kleinen Bewegungen für das Pferd sind. In diesem Falle führt das Vorgleiten des Unterkiefers auch noch dazu, dass im Kiefergelenk Platz geschaffen wird - für die zum Zerkleinern der Nahrung nötigen Mahlbewegungen.

Der Unterkiefer schiebt sich auch immer noch nach hinten sobald das Pferd den Kopf hebt, weil damit das Kiefergelenk „zugemacht" wird und Spannung in die Hinterhand (den Motor) des Pferdes gebracht.

Warum? Weil das Pferd darauf ausgerichtet ist, aus dem Stand/dem Grasen heraus mit einer Geschwindigkeit von bis zu 60 Kilometern in der Stunde fliehen zu können. Aus dem gleichen Grund ist der Galopp auch bei den heutigen Pferden immer noch die einzige Gangart, in der die Lungen vollständig be- und entlüftet werden und in der das Pferd nicht willkürlich atmen kann, da die Atemzüge an den Galoppsprung gekoppelt sind.

Alle Muskelketten der heutigen Pferde sind immer noch in der gleichen Weise tätig, wie sie es bei den Steppenpferden waren. Unsere Pferde können immer noch mit einem präzisen Zucken der Haut, punktgenau eine Fliege vertreiben.

Auch wenn keines unserer heutigen Pferde jemals einem Raubtier begegnet sein sollte, werden sie alle, genau wie ihre Vorfahren, nach wie vor von ihrem Fluchtinstinkt gesteuert. Und das ist immer noch kein willkürlicher Prozess, sondern ein automatischer Ablauf, der bei einem untrainierten Pferd durch jedes noch so kleinste Anzeichen von Gefahr ausgelöst wird.

Ebenso ist der Herdentrieb und der Bewegungsdrang erhalten geblieben - sowie die gesamte Biomechanik.

Zu glauben, man könne Pferde halten und reiten ohne auf diese von der Natur vorgegebenen Besonderheiten allergrößte Rücksicht zu nehmen und selbige selbstverständlich soweit irgend möglich in das tägliche Training, die Haltung und den Umgang zu integrieren, zu glauben, dass man all dies ignorieren könnte ohne dem Pferd dabei Schaden zu zufügen, ist ein ganz gewaltiger Irrtum.

Viele Menschen folgern aus der Größe und Stärke des Pferdes, dass es von besonderer Robustheit sein muss. Das gilt für ein Pferd in freier Wildbahn, nicht jedoch für ein domestiziertes Pferd, dessen natürliche Abläufe durch den Eingriff des Menschen gestört werden.

Lassen Sie uns, um die Gründe dafür besser zu verstehen, einen Blick auf das Leben des Wildpferdes in der Steppe werfen. Denn auf eben dieses sind der Organismus und der Bewegungsapparat des Pferdes bis heute ausgerichtet:

Das Pferd nimmt fast ununterbrochen faserreiches Futter zu sich, bewegt sich dabei konstant auf abwechslungsreichen Untergründen, bekommt unzählige und ständig wechselnde Eindrücke aus der Natur, pflegt Sozialkontakte und das Herdenleben, ist mindestens 16 Stunden des Tages in Bewegung und zwar die meiste Zeit davon im Schritt, mit am Boden vorgestreckter Nase grasend, je ein Vorderbein entlastend. Die zweite vorherrschende Gangart ist der Galopp.

Der Trab wird hingegen eher als Übergangsgangart zwischen Schritt und Galopp und noch mehr zwischen Galopp und Schritt genutzt, sowie für Imponiergehabe und beim Spielen. Ein bisschen spielen, ein bisschen kämpfen, ab und an fliehen, die meiste Zeit fressen, einige Stunden ruhen und schlafen:

In dieser Lebensform funktionieren all die perfekt aufeinander abgestimmten Systeme und Zusammenhänge in Körper und Nervensystem des Pferdes optimal, der Organismus kann ungestört arbeiten.

Ein wildes Pferd bekommt aufgrund seiner rauen Diät keine Haken an den Zähnen, es koppt und webt auch nicht, denn es kann mit seinen Freunden Fellkraulen machen oder Spielen. Sollte es sich einmal bei einer besonders rasanten Flucht vertreten oder wegrutschen und sich beispielsweise das rechte Kreuzdarmbeingelenk in einer bestimmten Position blockieren, galoppiert es eben eine Weile im Kreuzgalopp oder im Linksgalopp.

Niemand zwingt es dazu im Rechtsgalopp zu galoppieren und damit eine Bewegung auszuführen, die es gerade nicht ausführen kann. (Wodurch dann in der Regel erst der richtige Schaden entsteht.)

Wenn ein wildes Pferd sich im Kampf oder beim Spielen den 6./7. Halswirbel blockiert, läuft es eben eine Weile in einer Schonhaltung und kompensiert. Vielleicht sogar bis zum Ende seiner Tage, aber sehr viel wahrscheinlicher löst sich die Blockierung während des nächsten Spieles wieder. Weil das Pferd nämlich nicht in einer Box steht, sondern weiter stundenlang mit gesenktem Kopf und den Nüstern an vorderster Stelle langsam durch die Steppe wandert, ein bisschen galoppiert und etwas trabt, sich wälzt – kurzum:

Sein ganzes Gewebe, seine Muskeln und Gelenke durchgehend optimal bewegt und geschmeidig gehalten werden. Es bekommt keinen Sehnenschaden am Vorderbein, weil es nicht 20 Stunden am Tag eingesperrt ist und weil es niemand zwingt, trotz der Halswirbelblockade mit dem Kopf auf der Brust Runde um Runde in einer Reitbahn herum zu traben und zu galoppieren.

Kein wildes Pferd bekommt eine Entzündung im Rücken, und zwar ganz einfach deswegen nicht, weil niemand einen (unpassenden) Sattel und/oder einen unbalancierten und/oder zu schweren Reiter auf seinen Rücken wirft. Ein wildes Pferd leidet auch nicht unter einer Ermüdung der Tragemuskulatur, einfach weil es sich so viele Stunden am Tag auf unterschiedlichsten Böden bewegt und weil niemand seine natürlichen Bewegungsabläufe stört.

Ja, auch wilde Pferde stehen unter Stress, wenn ihr Fluchtinstinkt ausgelöst wird. Aber dieser Stress *endet* wieder, denn es gibt einen klaren Abschluss. Gefahr vorbei = Fluchtinstinkt aus. Bei viel zu vielen domestizierten Pferden ist es ein Dauerzustand. Sei es durch die unpassende Haltung, das viel zu energiereiche Futter, das unsachgemäße Training oder den permanent ängstlichen Besitzer.

Ja, es ist möglich Pferde als Haustiere zu halten und sie zum Reiten, Fahren oder Arbeiten zu nutzen, ohne dass die Tiere dabei Schaden nehmen. Aber es muss jedem, der das zum Ziel hat, klar sein was für ein enormer Aufwand notwendig ist, um sich das Wissen und Können anzueignen, das man dafür benötigt.

Manchmal hat man den Eindruck, dass das vielen Reitern und Pferdebesitzern *nicht* in vollem Umfang bewusst ist.

Wenn wir unsere Pferde gesund erhalten möchten und ihr körperliches wie seelisches Wohlergehen garantieren, dann müssen wir uns auf die Besonderheiten ihres Wesens, ihres Organismus und ihres Bewegungsapparates einstellen, uns entsprechend verhalten und entsprechend handeln.

Denn diese Besonderheiten hat das Pferd ja nicht umsonst von der Natur mitbekommen - sondern es sind eben genau diese Abläufe und Funktionsmechanismen, die es gesund erhalten.

Aus diesem Grunde wollen wir uns in diesem zweiten Teil von „Zusammenhänge im Pferd" also mit den direkten Verbindungen beschäftigen, die zwischen uns Reitern und unseren Pferden bestehen und - zu einem großen Teil von uns unbemerkt - wirken.

Quelle: istock photo

In der modernen Haltung oft nur noch ein Schatten seiner selbst: das Pferd.
Inbegriff der Kraft, Stärke und Freiheit.
Pferde gehören in die Natur, nach draußen, bei Wind und Wetter.
Sie brauchen Artgenossen und Freiheit und unendlich viel freie Bewegung,
um gesund zu bleiben.

Ein Gummiball ist kein Ersatz für Bewegungsfreiheit oder Freunde. Genauso wenig kann das tägliche 40 minütige Reiten den freien Weidegang ersetzen. (Bild: istock)

3. Kapitel

Die Fähigkeit des Pferdes Lebewesen zu lesen

Der erste Zusammenhang, den wir besprechen wollen, ist der zwischen dem das Pferd prägenden Fluchtinstinkt und unserem Handeln sowie unseren Emotionen.

Es handelt sich hier nur um eine Kurzfassung, da ich alle Details zum Fight or Flight Instinkt des Pferdes in „Zusammenhänge im Pferd" (Teil 1) bereits umfassend beschrieben habe und Ihnen die Wiederholung ersparen möchte. Lassen Sie uns aber kurz noch einmal ansehen, warum der Fluchtinstinkt im Pferd so prägend ist und in welcher Form wir als Reiter Einfluss auf diese Abläufe haben:

Das Pferd ist zwar ein grundsätzlich wehrsames Tier, jedoch wäre - aus Sicht des Fluchttieres Pferd - jede Art von Verletzung für den Fall eines weiteren Angriffes eine Katastrophe, da eine solche eine erfolgreiche Flucht verhindern könnte. Immer erst einmal wegzulaufen ist für das Pferd daher die sicherste Variante - und genau das tut es: Es reagiert auf jedes Anzeichen von Gefahr erst einmal mit Flucht.

Dies führt dazu, dass Pferde von Natur aus erst einmal alles was sie nicht kennen als Gefahr einordnen und vor jedem Blumentopf, Trecker, Hund, Wasserschlauch oder tatsächlich sogar dem *einen* Blumentopf, der sonst einen halben Zentimeter weiter rechts steht, erschrecken. Was im Übrigen eine Menge über die

Feinheit des Pferdes aussagt und eine bemerkenswerte Fähigkeit ist.

All das Scheuen und Erschrecken ist keine Bösartigkeit, sondern ein *Instinkt*. Und zwar einer, der dem Pferd das Leben retten soll. Der Inhalt ist ziemlich simpel: Droht Gefahr, renne weg so schnell Du kannst. Kannst Du nicht fliehen, kämpfe bis Du freikommst - oder tot bist. Es werden währenddessen große Mengen Stresshormone freigesetzt, die Frequenz des Herzschlages und der Atmung erhöht, die für eine erfolgreiche Flucht notwendige Muskulatur bestmöglich durchblutet und Haut, Verdauungsapparat und andere „unwichtige" Organe heruntergefahren. Ebenso wie das Immunsystem. Dies dient dem Zweck, sämtliche Energie in die Flucht setzen zu können.

Bei einem wild lebendenden Pferd hat dieser Instinkt natürlich keinerlei schädigende Effekte, sondern rettet ihm im Zweifel das Leben. Aber das gilt für ein Pferd, welches in seiner natürlichen Umgebung, in seinem Herdenverband, ein ganz normales Pferdeleben führt: Es ist kurz unter höchster Anspannung, rennt davon, entkommt der Gefahr und in demselben Moment in dem es entkommen ist fällt die Anspannung wieder von ihm ab. Es werden keine Stresshormone mehr freigesetzt, der Gegenspieler des für die Flucht zuständigen Sympathikus im vegetativen Nervensystem, der Parasympathikus, übernimmt die Kontrolle, das Pferd entspannt sich und kommt wieder zur Ruhe.

Genau darauf ist das Pferd mit seinem gesamten Körper und Gehirn zugeschnitten und es kann diese Art der vorübergehenden Hochleistung und Anspannung locker, auch mehrmals am Tag, leisten.

Nun ist das Ganze aber eine andere Sache sobald ein Reiter ins Spiel kommt. Dieser bringt nicht nur sein Körpergewicht mit und stört das Pferd in seiner natürlichen Balance, er trägt auch noch seinen Stress und seine emotionalen Lasten mit sich herum.

Das alleine kann ein Pferd in konstante Anspannung versetzen. „Widersetzlichkeit", „nicht am Zügel gehen", „frech sein", „nicht loslassen", „fester Rücken" etc. sind in Wahrheit in den meisten Fällen Anzeichen für emotionalen Stress im Pferd. Sei es durch einen unbalanciert sitzenden Reiter, weil ihm beim Reiten etwas weh tut oder tatsächlich einzig und allein deswegen, weil der Reiter seine Unsicherheit und Anspannung auf das Pferd überträgt.

Denn der Fluchtinstinkt ist im Pferd so prägend, dass Pferde eine außergewöhnliche Fähigkeit entwickelt haben: Sie können andere Lebewesen lesen.

Pferde nehmen dafür ununterbrochen jedes Detail in den Lebewesen in ihrer Umgebung wahr, jedes noch so kleine Signal in der Körpersprache, jede minimale Veränderung im Gesichtsausdruck und, das ist vielleicht das Wichtigste: sie lesen/spüren deren Emotionen.

Wer sich in ein Pferd hineinversetzen kann wird leicht nachvollziehen, dass es dabei auf zwei wesentliche Komplexe von Empfindungen in anderen Lebewesen besonders empfindlich reagiert:

1. Auf Anspannung / Furcht / Unsicherheit / Stress sowie direkte Bedrohung.

2. Auf Selbstbewusstsein / Sicherheit / Ruhe / Ausgeglichenheit und Freundlichkeit.

Die Empfindungen des ersten Komplexes vermitteln dem Pferd den Eindruck bevorstehender oder bereits eingetretener Gefahr.

Sind die Lebewesen in seiner Umgebung angespannt, zeigen Anzeichen von Stress und/oder Angst, wertet das Pferd dies als Hinweis darauf, dass irgendwo eine Bedrohung lauert die es selbst noch nicht wahrgenommen hat, die anderen Lebewesen aber schon. Diese „anderen Lebewesen" können Herdenmitglieder sein aber auch jedes andere Tier - und dazu gehört selbstverständlich auch der Mensch.

Das Pferd bereitet sich, wenn es Anspannung/Furcht/Stress in anderen Lebewesen wahrnimmt, also instinktiv auf eine mögliche Flucht vor. Es versetzt sich ebenfalls in Anspannung und macht sich bereit, zu reagieren.

In einem Fall, in dem der Reiter ihm bewusst oder unbewusst Schmerzen zufügt, mit Kraft und in für das Pferd unnatürlichen Zwangshaltungen reitet und/oder es überfordert, bleibt dieses Pferd automatisch im Fluchtmodus, das heißt seine Muskulatur bleibt angespannt, Haut, Verdauungsorgane und Immunsystem werden weiterhin nur nachrangig versorgt, beziehungsweise heruntergefahren.

In diesem Fall sind die negativen Folgen also definitiv und es liegt nun daran, wie oft das Pferd in dieser Weise geritten wird, in welcher Schwere sich die Auswirkungen zeigen.

Aber: Es genügt bereits, im Umgang mit dem Pferd eines der oben genannten Gefühle zu zeigen, um das Pferd in erhöhte Anspannung zu versetzen. Übrigens auch dann, wenn wir unsere Angst oder Unsicherheit zu verbergen suchen, weil man ein Pferd damit schlicht nicht täuschen kann. Einer unsicheren, ängstlichen Person wird das Pferd nachvollziehbarer Weise eher nicht freiwillig folgen, wird sich beim Reiten mit einem unsicheren Reiter nicht loslassen und sich sehr wahrscheinlich vor jedem Windhauch erschrecken. Möglicherweise wird es, je nach Wesen und Stresslevel, auch versuchen, den Reiter loszuwerden.

Ausnahmen bilden hier immer jene Pferde, die durch positive Erfahrungen in ihrem eigenen Selbstbewusstsein und Mut gestärkt wurden und dadurch eine gewisse Resilienz aufgebaut haben. Dies sind im Übrigen genau die Pferde, welche von Reitanfängern und unsicheren Reitern gewählt werden sollten, da sie Fehler und Unsicherheiten verzeihen und dem *Reiter* auf diese Weise Sicherheit geben.

Die Empfindungen des zweiten Komplexes vermitteln dem *Pferd* ein Gefühl von Sicherheit.
Sind die Lebewesen in der Umgebung (der Reiter) entspannt und ruhen in sich, ist auch keine Gefahr im Anmarsch.
So einfach ist das.
Und gleichzeitig ist es eben diese Fähigkeit des Pferdes, die den Umgang und das gesunderhaltende Training manchmal so herausfordernd werden lässt.

Internationale Konzerne machen sich inzwischen genau dieses Vermögen des Pferdes zu Nutze, um ihren Top-Managern und Führungskräften einen Spiegel vorzuhalten. Vielen von ihnen dämmert die Erkenntnis, dass sowohl das selbstgefällige Lächeln, als auch der perfekt sitzende Maßanzug und das vor dem Spiegel einstudierte „Ich bin Superman Batman und James

Bond in einer Person und platze förmlich vor Selbstbewusstsein und Führungsqualitäten" - Gesicht in Anwesenheit eines Pferdes vollkommen nutzlos sind. Und zwar während sie mit hochrotem Gesicht am Ende eines Führstrickes ziehen, an dessen anderen Ende ein nicht einen Millimeter vom Fleck weichendes, 650 Kilo schweres Pferd ungerührt stehen bleibt und sie seelenruhig aus sanften, braunen Augen beobachtet. Und das Pferd dann nach einigen Minuten, die dem schwitzenden Top-Manager wie eine Ewigkeit vorkommen, schließlich eine Augenbraue hochzieht und zu fragen scheint: „Wirklich, dude? Glaubst du *wirklich*, dass ich dir folge, weil du an mir zerrst? Hahaha! Aber einen schicken Anzug hast du an, das muss ich dir lassen."

Der eine oder andere wird sich nach einem solchen Erlebnis wohl nicht mehr ganz so sicher sein über seine Führungsqualitäten und beginnen, seine Führungsstrategien zu hinterfragen.
Und das ist genau der Punkt:
Viele *Reiter* reflektieren das nicht.

Mit Kraft wird man beim Pferd nicht viel erreichen. Hier sind Führungsqualitäten gefragt - und Verlässlichkeit. (Bild: istock)

Sieht harmlos aus, kann aber schnell gefährlich werden: Unsicherheit ist im Umgang mit Pferden fehl am Platz. Es kann leicht passieren, dass ein ebenso unsicheres Pferd sich durch den unsicheren Menschen bedroht fühlt und beißt oder tritt. Seien Sie daher möglichst selbstbewusst, wenn Sie bei den Pferden sind - Sie machen sich dadurch auch gleich viel beliebter.

Und wenn Sie gerade erst anfangen mit dem Reiten: Lassen Sie sich unbedingt ausschließlich routinierte Pferde zuteilen, die sich von Ihrer Unsicherheit in keiner Weise beeinflussen lassen.

Es ist für das Pferdewohl von entscheidender Bedeutung, dass wir Reiter für unsere Pferde eine verlässliche Führungsperson darstellen. (Ausführliches zum Thema verlässliche Führungsperson ist beschrieben in „Reitsport-Auf dem Rücken des Pferdes".) Denn nur so können wir erreichen, dass sie sich in unserer Nähe - und somit beim Reiten - entspannen und loslassen.
Und das wiederum, die Losgelassenheit, ist die Voraussetzung für gesunderhaltendes Training.

Nehmen wir an, ein Reiter hat Angst vor dem Reiten, oder genauer: davor runterzufallen.
Er reitet aus diesem Grund in der Halle, weil er sich dort geschützter fühlt und sitzt aus dem gleichen Grund hochgradig verspannt mit strammen Zügeln und klemmenden Beinen im Sattel.
Das Pferd denkt sich: „Oh, der Mensch auf meinem Rücken ist aber extrem angespannt - der hat sicher irgendwo etwas Gefährliches gesehen. Komisch, ich habe gar nichts gewittert. Na egal, der hat ja nicht umsonst so viel Angst, ich bereite mich mal lieber auf eine schnelle Flucht vor."
Und schon steht das Pferd unter erhöhter Anspannung, Herzschlag und Atmung werden beschleunigt, Stresshormone ausgeschüttet, das Gehirn auf Reptilienniveau heruntergefahren damit das Pferd nicht darüber nachzudenken beginnt, *wohin* es rennen soll, sondern einfach nur wegrennt.
Der Reiter bemerkt die Anspannung seines Pferdes und wird noch ängstlicher, was wiederum natürlich dem Pferd nicht verborgen bleibt. Schließlich knallt irgendwo eine Tür, eine Katze springt auf die Bande

oder jemand legt seine Jacke ab - und das Pferd ergreift die blinde Flucht.

So saust der ängstliche Reiter auf seinem davonstürmenden Pferd durch die enge Reithalle, bis selbiges den klemmenden und in seinem Maul ziehenden Menschen auf seinem Rücken abwirft oder vor blinder Panik in einer Kurve ausrutscht und die Flucht durch einen Sturz unterbrochen wird.

So oder so ist dem Reiter dann genau das passiert, wovor er sich so gefürchtet hat - und zwar einfach nur aufgrund seiner Furcht und Anspannung. Er wird beim nächsten Mal sicher nicht viel entspannter auf das Pferd steigen, sondern sehr wahrscheinlich zu für das Pferd schmerzhaften Hilfsmitteln und Methoden greifen, um ein solches Erlebnis zukünftig zu vermeiden.

Das darf einfach nicht passieren.

Natürlich ist nicht jeder Reiter von Anfang an perfekt, aber dafür gibt es die routinierten Lehrpferde. Wenn wir nicht willens sind unsere Fähigkeiten weiterzuentwickeln, um mehr Selbstsicherheit und Vertrauen zu gewinnen, dann müssen wir entweder lebenslang auf dem besagten Lehrpferd im Schritt und Trab um die Bahn zuckeln, oder das Reiten fairer Weise aufgeben.

Denn seien wir doch mal ehrlich: Alles, was ein Reiter tut, um seine Fähigkeiten oder seine Angst vor dem Runterfallen, dem Durchgehen oder Bocken zu kompensieren, geht immer zu Lasten des Pferdes.

Die Anwendung von „Hilfsmitteln" wie Schlaufzügeln, um eine bestimmte Haltung herbeizuführen die das Pferd aufgrund fehlender korrekter Ausbildung nicht von alleine einzunehmen in der Lage ist, oder um die Furcht des Reiters vor Kontrollverlust zu kompensieren, ist für das Pferd mit erheblichen Beeinträchtigungen seines Bewegungsapparates verbunden.

„Stell den mal richtig tief ein" oder „Nimm mal Schlaufzügel, um dem `den Weg nach unten` zu zeigen", sind Sätze, die ein Reiter oder Reitlehrer niemals aussprechen sollte.

Denn es widerspricht den Regeln der Reiterei, nach denen eine Beizäumung *niemals* erzwungen werden darf.

(Bild: istock)

Bereits eine einmalige Anwendung von „Hilfsmitteln" (wie hier im Bild) kann zu Genick-, Kiefer-, Zungenbein-, Schulter-, Rücken- und Beckenblockaden führen (i.e. in den Kreuzdarmbeingelenken und dem Kreuzbein), was nicht nur massive Einschränkungen in den natürlichen Bewegungsabläufen zur Folge hat, sondern auch diverse Erkrankungen der Gliedmaßen und des Rückens nach sich ziehen kann.
(Bild: istock)

Reiten ist daher auch eine Art ständiger Angst- und Traumatherapie. Denn jeder Reiter hat garantiert schon mindestens eine Situation erlebt, die ihn an ein schlimmes Erlebnis beim Reiten erinnert und die somit ganz automatisch Angst und Anspannung in ihm auslöst. Diese Gefühle in so einem Fall auflösen zu können - und zwar bevor das Pferd sich in dieselbe Anspannung hineingesteigert hat - ist eine der wichtigsten Fähigkeiten des Reiters.

Es lässt sich nicht vermeiden, dass wir beim Reiten auch mal runterfallen, dass wir von Zeit zu Zeit machtlos auf einem durchgehenden Pferd sitzen, dass wir furchterregende Situationen erleben. Aber wir müssen ganz unbedingt verhindern, dass diese Erlebnisse uns dauerhaft prägen. Denn sobald wir mit Angst auf dem Pferd sitzen, können wir davon ausgehen, dass sehr wahrscheinlich auch etwas passiert. Es sei denn, wie schon erwähnt, das Pferd ist ein ausgesprochen gut ausgebildetes und routiniertes Tier.

Das war auch der Grund, warum früher (zumindest bei uns) die eiserne Regel galt, dass Reitanfänger ausschließlich auf sehr gut ausgebildeten und gerittenen Pferden reiten dürfen: Weil diese Pferde zum einen nur auf korrekte Hilfen reagieren und dem angehenden Reiter dadurch die richtige Hilfengebung beibringen, zum anderen, weil sie durch jahrelange Ausbildung die nötige Erfahrung und Resilienz erworben haben, um sich nicht von einem unsicheren, ängstlichen, angespannten oder rutschenden Reiter stören zu lassen sondern unbeirrt weiter durch den Wald oder die Reitbahn zu stapfen - selbst wenn sie ihn dabei einmal verlieren sollten.

Ich kann nur jedem raten, diese alte Regel zu beherzigen. Wer auf einem alten, erfahrenen Pferd das Reiten erlernt, hat von Anfang an viel mehr Vertrauen in die Pferde - und damit automatisch auch in seine eigenen Fähigkeiten. Ein Reitanfänger, der sich auf einem ebenfalls unerfahrenen Pferd versucht, ist hingegen quasi eine Garantie für Unfälle und negative Erfahrungen. Sowohl für den Reiter als auch für das Pferd.

Für das Pferd führt ein unsicherer Reiter über kurz oder lang immer zu körperlichen Erkrankungen und Schäden. Sei es, weil dieser zwecks besserer Kontrolle zu schmerzhafter Ausrüstung greift, ständig auf den Kopf des Pferdes einwirkt, durch seinen angespannten Sitz die natürlichen Bewegungsabläufe stört oder einfach durch die konstant hohe negative Muskelspannung, die der Reiter auf sein Pferd überträgt.

Eingebrannte Gewohnheiten wie „Pferd erschrickt sich - ich ziehe an den Zügeln" sind beim Reiten, wie auch im Rest unseres Lebens, nicht förderlich. Denn sie können dazu führen, dass wir unserem Pferd schaden und dass wir nie den Umgang und die Kommunikation mit unserem Pferd erreichen, die wir uns eigentlich wünschen.

Zum Erreichen seiner Ziele muss man manchmal nur *eine einzige* Gewohnheit ändern und plötzlich tun sich unzählige neue Wege und Möglichkeiten auf - versuchen Sie es einmal mit weniger Zügelhilfen.

(Tolle Übungen für weniger Einwirkung mit dem Zügel finden Sie in „Mit dem Pferd statt auf dem Pferd".)

© Julie von Bismarck

Angespanntes Pferd, das sich zur Flucht bereit macht. Bleiben Sie in solchen Situationen unbedingt ruhig und gelassen, atmen Sie tief durch, schnauben Sie ruhig entspannt ab (auch wenn einige das albern finden mögen), lassen Sie die Beine ruhig und ohne viel Druck am Pferd liegen und nehmen Sie *auf keinen Fall* die Zügel kurz! Wenn Sie nun auch noch Druck auf das Maul und den Kopf des Pferdes bringen, werden Sie die negative Spannung nur verstärken.

© Julie von Bismarck

Dasselbe Pferd 2 Sekunden später: Die beste Strategie ist in so einer Situation tatsächlich, so zu tun als ob alles in bester Ordnung wäre. Je entspannter Sie bleiben und umso mehr *Sie* davon überzeugt sind, dass keine Gefahr droht, desto eher wird sich Ihr Pferd wieder entspannen und auf eine Flucht verzichten.

Dies gelingt allerdings nur, wenn Sie für Ihr Pferd eine verlässliche Führungsperson darstellen.

(Siehe „Reitsport - Auf dem Rücken des Pferdes".)

Wenn ein Pferd sich ohnehin schon fürchtet ist es absolut der falsche
Weg, ihm noch zusätzlichen Druck und Schmerz zuzufügen indem man
an den Zügeln zieht. Was wir erreichen wollen ist eine so feine
Kommunikation und so viel gegenseitiges Vertrauen, dass Pferd und
Reiter in gefährlichen Situationen ruhig und gelassen bleiben können.

(Im Falle dieses Bildes ist allerdings fraglich, ob die Panik des Pferdes
nicht überhaupt erst durch die grobe Einwirkung und das mangelhafte
reiterliche Können der Reiterin ausgelöst wurde.)

4. Kapitel

Die Fähigkeit des Pferdes zur Kompensation

Eine weitere außergewöhnliche Besonderheit des Pferdes und noch dazu eine, welche die Gesunderhaltung des Pferdes nicht eben einfacher macht, ist seine beeindruckende Fähigkeit zur Kompensation.

Auch diese evolutionsbiologische Prägung soll dem Pferd das Leben retten und ist dementsprechend stark ausgeprägt. Leider ist diese besondere Fähigkeit bei domestizierten Pferden gleichzeitig die Ursache unzähliger unerkannter Leiden, denn sie macht es für Reiter und Besitzer enorm schwer, Blockierungen, Schmerzen, Erkrankungen oder Unwohlsein im Pferd frühzeitig zu erkennen.

Pferde nehmen dadurch sehr häufig Schaden, ohne dass es irgendjemandem auffällt.

Erstens hat das Pferd keinen Schmerzlaut, es jault, quietscht und knurrt nicht, wenn man ihm weh tut.

Zweitens wird das Flucht-, Herden- und Beutetier Pferd alles in seiner Macht Stehende tun, um jedes Anzeichen von Unwohlsein, Schwäche oder Schmerz zu verbergen. Zum einen, damit es mit der Herde mithalten kann und nicht von den anderen Tieren ausgestoßen wird, zum anderen, um stark und wehrhaft zu erscheinen und potenziellen Jägern in der Umgebung keinen Anlass zu geben, es als leichtes Opfer auszuwählen.

Raubtiere jagen zuallererst das schwächste Tier einer Herde - auch sie wollen Energie sparen und mit möglichst wenig Aufwand an eine Mahlzeit gelangen. Ein Pferd, welches zurückfällt, lahmt oder sonst in irgendeiner Form Schwäche zeigt, hat daher ein deutlich höheres Risiko, gefressen zu werden. Dies ist ein instinktives Verhalten und eine evolutionsbiologische Prägung. Es hat überhaupt nichts damit zu tun, ob ein Pferd schon einmal mit einem Raubtier zu tun hatte oder nicht, es ist schlicht angeboren und Teil des Pferdewesens.

Zu diesem Zweck des Verbergens von Schwäche hat das Pferd beeindruckende Kompensationsmechanismen entwickelt, mit deren Hilfe es Verletzungen, Bewegungseinschränkungen und Schmerzen sehr lange unbemerkt ausgleichen kann. Dafür verändert es seine Körperhaltung, seinen Gang und sein Verhalten.

Zu dem Zeitpunkt an dem Ihr Pferd deutliche Anzeichen von Schmerz, Unwohlsein oder gar Lahmheit zeigt, ist also sehr wahrscheinlich bereits ein größerer Schaden entstanden.

Genau das ist beim heutigen Reitpferd leider oftmals der Grund für nicht mehr kurierbare Verletzungen oder, wenn sie denn gefunden werden, letztlich bereits chronische Erkrankungen. Die Pferde haben eine Blockierung/Verletzung/Schmerzen, werden aber weiter voll belastet und nicht selten als „widersetzlich", „steif" oder „faul" betitelt. Sie werden also zu Bewegungen gezwungen, die sie in der Natur in dieser Situation vermeiden würden, müssen das kompensieren und schon wird aus einer *hilfreichen* Kompensation eine *Überbelastung* anderer Strukturen.

Es ist daher von enormer Bedeutung, dass wir lernen die leisen Zeichen zu lesen, die unsere Pferde uns senden. Denn selbst wenn sie nicht schreien und auf ihre Schmerzen hinweisen, so senden sie doch unauffällige Nachrichten aus, die wir als Reiter und Pferdebesitzer lesen lernen können und somit schneller auf ein eventuelles Unwohlsein des Pferdes reagieren.

Diese reichen von plötzlichen Verhaltensänderungen wie Schreckhaftigkeit, Introvertiertheit, „Widersetzlichkeit", Abwehr beim Putzen/Satteln, Kopfscheue oder „Triebigkeit" bis hin zu offensichtlicheren Anzeichen wie einem „besorgten" Gesichtsausdruck, sichtbaren Faszienlinien, verändertem Beckenwinkel, unterschiedlich hohen Schultern, „Axthieb", lokalisiertem Muskelverlust, Gewichtsverlust, Einsinken des Widerrists, Aufwölben der Lendenregion und vielem mehr.

Wenn ein Pferd sein Verhalten ändert, ohne dass sich in seinem täglichen Leben, in der Ausrüstung, dem Training, der Fütterung, oder bei den Stall- und Weidegefährten etwas geändert hat, sollten wir das immer erst einmal als Anzeichen für Schmerz und/oder Unwohlsein deuten und in jedem Fall der Ursache auf den Grund gehen. Denn nur wenn wir frühzeitig handeln, können wir größeren Schaden verhindern.

Es sollte für jeden Reiter und Pferdebesitzer selbstverständlich sein, peinlich genau auf solche Veränderungen zu achten und das Pferd beim geringsten Verdacht auf Unwohlsein oder Schmerz untersuchen zu lassen. Allerdings bedeutet das nicht immer, dass die Ursache dann auch gleich gefunden und behoben wird, denn das Auflösen und Nachverfolgen einiger Kompensationsketten beim Pferd kann schon einer wirklich komplizierten Doktorarbeit gleichkommen. (Nachzulesen in Zusammenhänge im Pferd Teil I.)

Lassen Sie uns ein Beispiel für eine solch beeindruckende Verkettung von Kompensationen ansehen:

Ein Pferd verletzt sich an der oberflächlichen Beugesehne, es gehen also ein paar Sehnenfasern kaputt. Wichtig zu wissen: Dafür braucht es keinen Unfall, zu starke Belastung reicht. Es ist meiner Erfahrung nach ein häufiges Phänomen durch Überbelastung im jungen Pferd, sowie bei Pferden mit einer unerkannten Erkrankung im diagonalen Sprunggelenk.
Um das Bein möglichst wenig zu belasten, möglichst wenig Lahmheit zu zeigen und dem Schmerz auszuweichen verlagert das Pferd sein Gewicht auf das gesunde Vorderbein und das diagonale Hinterbein. Durch ersteres schiebt sich die Schulter des gesunden Beines nach oben, die des schmerzhaften Beines wird durch dauerhafte Anspannung der Muskeln in einer Position festgestellt in der das Auftreten am wenigsten schmerzhaft ist. Das kann in einer hohen, tiefen oder mittleren Position der Fall sein.

Fakt ist: keine der beiden Schultern des Pferdes bewegt sich mehr adäquat, sprich: das Gleiten des Schulterblattes nach vorne und oben, wenn das Bein belastet und nach hinten geführt wird, und nach hinten und unten, wenn das Bein gehoben und nach vorne geführt wird, findet nur noch in sehr eingeschränkten Grenzen statt.

Gleichzeitig wird die gesamte Muskulatur der Schulter und somit auch der Übergang zwischen Hals und Rumpf sowie Teile der Tragemuskulatur durch die Fehlbelastung und Kompensation fest und unflexibel.

Die Muskeln sind in Daueranspannung und ermöglichen so zwar eine Belastung des Pferdes ohne größere Anzeichen von Lahmheit, sie werden aber gleichzeitig nicht mehr richtig mit Sauerstoff und Nährstoffen versorgt, Endprodukte des Muskelstoffwechsels können nicht optimal abtransportiert werden, der Muskel übersäuert, beginnt zu schmerzen und wird immer unbeweglicher.

In der Folge wird die gesamte Stoßdämpferfunktion der Aufhängung des Rumpfes zwischen den Vorderbeinen außer Kraft gesetzt sowie der 7. Halswirbel und mindestens der erste, häufiger jedoch die ersten fünf bis sieben Brustwirbel und der Widerrist blockiert, also in ihrer physiologischen Bewegung eingeschränkt. Im Falle der Blockaden des Widerrists ist dann auch die Funktion des Nacken-Rückenbandes gestört, es kann seiner wichtigen Unterstützung des Rückens als Gegengewicht zu den schweren Organen im Bauch des Pferdes nicht nachkommen. Bei anhaltenden Widerristblockaden kommt es in der Folge außerdem häufig zu Atemwegserkrankungen (siehe Zusammenhänge im Pferd Teil I).

Durch die Bewegungseinschränkung der Schulter wird das Zungenbein blockiert, was wiederum das Schlucken behindern, also zu Schwierigkeiten beim Trinken und Fressen führen kann.

Bei einem langanhaltenden Schmerzzustand oder weil der Reiter den Sehnenschaden nicht bemerkt und darüber hinwegreitet, kann die dauerhafte Anspannung der Muskulatur der Rumpf- und Gliedmaßenträger zu einer Schwäche des Rumpftrageapparates und in der Folge zu einem Absinken des Widerrists zwischen den Vorderbeinen führen. Aber dazu später mehr.

Dies sind nur die *direkten* Folgen durch die Kompensation über das gesunde Vorderbein.
Nehmen wir nun auch noch das diagonale Hinterbein hinzu, wird schnell deutlich, welche schier unendlichen Verkettungen aus so einer eigentlich leicht zu behandelnden Verletzung entstehen können, wenn diese nicht umgehend erkannt und entsprechend versorgt wird.

Während in der Vorhand, einfach ausgedrückt, schlicht mehr Gewicht auf das gesunde Bein verlagert wird, fällt die Mehrbelastung des diagonalen Hinterbeines komplexer aus. Pferde kompensieren immer diagonal, sprich: hinten rechts-vorne links und vice versa, sowie hinten links-vorne rechts und vice versa. Ein Chip oder Spat im Sprunggelenk könnte so, wie eingangs schon erwähnt, auf dem diagonalen Vorderbein ebenfalls den besagten Sehnenschaden herbeiführen.
Bei dem Pferd in unserem Beispiel kann man sich das nun folgendermaßen vorstellen:
Das Pferd versucht das schmerzende Bein möglichst zu entlasten und verlagert zu diesem Zweck Gewicht auf das diagonale Hinterbein. Nun ist das bei der

Hinterhand des Pferdes aber nicht ganz so einfach, denn wie wir wissen liegt hier der Motor des Pferdes. Jeder Schub wird hier erzeugt, jede Vorwärtsbewegung wird von hier aus eingeleitet.

Nutzt das Pferd nun das eine Hinterbein als Stütze, verlagert also einen unnatürlich großen Anteil seines Gewichts auf dieses Bein und ist daher bemüht selbiges bei jedem Schritt so schnell wie möglich wieder abzusetzen, wird sich der Bewegungsablauf in diesem Bein naturgemäß verändern:

Das betroffene Hinterbein wird weniger hoch angehoben und weniger weit vorgesetzt, die Schrittlänge nimmt ab, die Bewegung wird „unrund".

Damit ist nicht nur der Vortrieb, sondern auch das Gleichgewicht des Pferdes massiv gestört. Durch die Mehrbelastung und den veränderten Bewegungsablauf wird auf der betroffenen Seite außerdem das Kreuzdarmbeingelenk blockieren, die Bewegungen des Hinterbeines werden immer eingeschränkter und die Übertragung des Schubes und Schwunges auf die Wirbelsäule findet auf dieser Seite quasi nicht mehr statt.

Dadurch wird schließlich auch das Kreuzbein blockiert, der Übergang zur Lendenwirbelsäule bewegt sich nicht mehr adäquat (was übrigens dazu führen wird, dass das Pferd versucht den Galopp zu vermeiden, wenn es dies aufgrund des schmerzenden Vorderbeines nicht ohnehin schon tut) und die Lendenwirbel werden in ihrer Beweglichkeit eingeschränkt, was wiederum zu einer Störung am Übergang zum 18. Brustwirbel führt. Länger bestehende Blockaden und die dabei entstehenden muskulären Verspannungen in der Brust-

und Lendenwirbelsäule können zu diversen organischen Erkrankungen und Dysfunktionen führen.
(s. Zusammenhänge im Pferd Teil I)
Durch die Blockierung im Kreuzdarmbeingelenk blockiert auch das diagonale Kiefergelenk, und durch das feste Kreuzbein das Genick.
Außerdem wird das diagonale Hinterbein durch die Kompensation einer Fehl- und Überbelastung ausgesetzt, was wiederum zu Sehnen- und Gelenkschäden/Entzündungen an diesem Bein führen kann.

Nehmen wir also an, der Reiter hat den Sehnenschaden am Vorderbein nicht bemerkt und das Pferd weiter voll belastet, hat die zunehmende „Triebigkeit" des Pferdes mit längeren Sporen und Gerten wettgemacht und „gegen an" gearbeitet - wann, glauben Sie, wird er das erste Mal realisieren, dass mit seinem Pferd etwas nicht stimmt?
Ganz genau: Wenn das Pferd schließlich deutlich lahmt.
Was sich zu diesem Zeitpunkt möglicherweise sogar hinten zeigt.
Wo wird der Tierarzt in diesem Fall suchen?
Wieder richtig: an dem diagonalen Hinterbein mit dem gestörten Bewegungsablauf.
Wird er etwas finden? Je nachdem, ob dort bereits ein Schaden entstanden ist oder nicht. Wenn ja, wird er besagten Schaden behandeln.
Nur der Sehnenschaden am Vorderbein ist dann immer noch da und sehr wahrscheinlich inzwischen deutlich schlimmer, als er es anfangs war.
Das bedeutet auch: selbst wenn der Tierarzt den möglichen Schaden am Hinterbein erfolgreich

behandelt, wird dort vermutlich sehr bald wieder eine Bewegungsstörung auftreten - und zwar so lange, bis das Vorderbein ausgeheilt und wieder voll belastbar ist.

Der unter Reitern gerne so genannte „Verschleiß" - also Entzündungen der Muskeln, Knochen, Sehnen, Gelenke, sowie daraus folgende degenerative Erkrankungen wie OA (Osteoarthrose)- ist *nicht* auf zu früh zu viel oder ständig überbelastete „Sportpferde" beschränkt.

Er betrifft ganz genauso die im Offenstall mit Halsband und Selbstfütterungsanlage oder hinter dem Haus in der Garage gehaltenen sogenannten „Freizeitpferde", die vermeintlich nichts auszustehen haben. Dass solche Pferde vor Verschleiß gefeit wären ist leider ein Irrtum. Ein Pferd, welches das umgehängte Halsband nicht toleriert oder eines, das ein paarmal die Woche für 60 Minuten im Roundpen getrabt und galoppiert wird, oder ein Pferd von dem Zirkuslektionen wie „Verbeugen" oder andere ähnlich vollkommen unnatürliche und daher fehlbelastende Übungen verlangt werden, kann genauso unter OA und anderen chronisch degenerativen Erkrankungen leiden, wie der „Sportkracher", der seitdem er 2 ½ Jahre alt ist jeden Tag unter Hochdruck gedrillt und mit dieser extremen Belastung überfordert wird. Nebenbei bemerkt kenne ich wirklich viele Pferde, die erfolgreich im großen Sport gehen und sich allerbester Gesundheit erfreuen - und zwar, weil sie hervorragend ausgebildet, trainiert und geritten werden.

Hingegen kenne ich etliche Pferde die lediglich gemütlich ins Gelände geritten werden, ein bisschen Schritt, Trab, Galopp und die dennoch unter Verschleißerkrankungen leiden.

Warum?

Ganz einfach: weil eine Struktur - also ein Gelenk, ein Band, eine Sehne oder ein Muskel - nicht nur durch *Über*belastung Schaden nimmt, sondern auch, wenn sie in einer Weise belastet wird für die sie *nicht ausgelegt* ist.

Und das ist leider beim Reiten sehr schnell erreicht:

Bereits ein unbalancierter Sitz kann bei einem falsch- oder untrainierten Pferd zu Fehlbelastungen im Bewegungsapparat führen.

Es gibt nur eine einzige wirksame Maßnahme, die wir als Reiter dagegen unternehmen können - und das ist die Gymnastizierung.

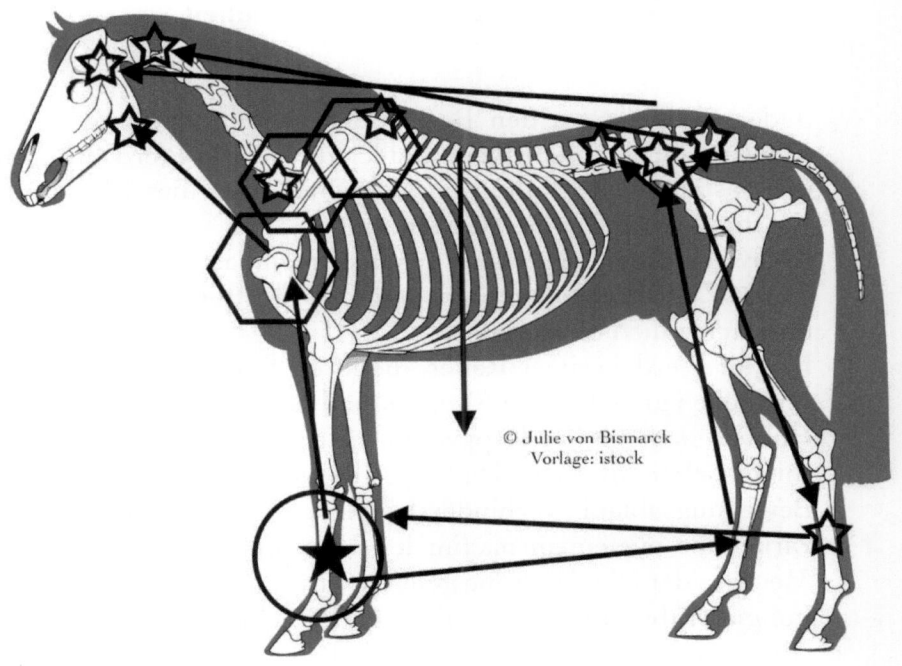

© Julie von Bismarck
Vorlage: istock

Ausschnitt aus einer Kette von Kompensationen. Auslöser: Sehnenschaden an der OBGS vorne links. Befund des Tierarztes nach einigen Wochen (in denen das Pferd weiter belastet wurde, aber nie vorne lahm war): Fesselträgerentzündung hinten rechts.

Selbst wenn der eigentliche Auslöser gefunden und erfolgreich behandelt wird, werden die Bewegungsabläufe durch die kompensatorischen Blockaden weiter gestört sein. In so einem Fall ist es sehr wichtig, dass wirklich *alle* Einschränkungen im Pferdekörper gefunden und behoben werden, sonst wird das Pferd unter Umständen nie wieder richtig gesund. Wie im ersten Teil von „Zusammenhänge im Pferd" ausführlich beschrieben.

5. Kapitel

Gymnastizierung und Losgelassenheit

Jeder Reiter kennt den Begriff der Gymnastizierung. Man spricht ganz selbstverständlich davon sein Pferd zu gymnastizieren und alle sind sich einig, dass dies „der Kräftigung des Pferdes" dienen soll.

Aber was damit eigentlich genau gemeint ist und wie dieses Ziel erreicht werden kann, wird offenbar sehr unterschiedlich interpretiert.

Es gibt Pferdebesitzer/Reiter, die ihre Pferde longieren - manche jeden Tag, 30 Minuten und länger. Einige am Halfter, manche am Kappzaum, manche ausgebunden (nicht selten in einer Haltung, die einen natürlichen Bewegungsablauf verhindert), alle auf einer engen Zirkellinie mit einem maximalen Durchmesser von 16 Metern - der allerdings nie genutzt wird, weil keiner der Longierer die Longe tatsächlich an der Schlaufe anfasst. (Eine Longe ist 8 Meter lang, weshalb der Durchmesser des Kreises maximal 16m beträgt, dies aber eben nur dann, wenn die Longe tatsächlich an der Schlaufe gehalten wird.) Außerdem geschieht diese Longenarbeit so gut wie ausschließlich im Trab und Galopp. Fragt man die Reiter was sie damit bezwecken möchten, lautet die erstaunte Antwort:

„Na, ich gymnastiziere mein Pferd!"

Gleiches hört man von Reitern, die so lange rechts und links an den Zügeln ziehen, bis ihr Pferd eine „runde" und tiefe Halshaltung einnimmt. Sobald das der Fall ist traben sie an und reiten das Pferd 30-40 Minuten im

Trab und Galopp durch die Reitbahn und parieren währenddessen in der Regel auch nicht zum Schritt - außer vielleicht, sie üben die einfachen Galoppwechsel. „Heute habe ich mein Pferd mal wieder ordentlich gymnastiziert", heißt es dann im Anschluss und nicht wenige Reiter glauben, je stärker ein Pferd geschwitzt hat, desto besser war die Wirkung.

Oder man sieht Pferdebesitzer, die ihre Pferde Runde um Runde im Trab und Galopp in einem Roundpen laufen lassen – nicht selten mit hoch erhobenem Haupt und nach unten gedrücktem Rücken, und auch hier heißt es auf Nachfrage: „Gymnastizierende Arbeit."

Man kann also den Eindruck gewinnen, dass viele Reiter und Pferdebesitzer davon ausgehen, dass „Gymnastizierung" am besten auf einem engen Kreis und/oder beim Reiten in der Reitbahn, vor allem aber im Trab und Galopp erreicht wird und dass „gymnastizierende Arbeit" außerdem irgend etwas ist, das außerhalb der „normalen Arbeit" mit dem Pferd stattfindet.

Das ist ein Missverständnis.

Gymnastizierung ist kein spezieller Punkt des Pferdetrainings, den man ein bis zweimal pro Woche auf den Stundenplan setzt.

Gymnastizierung umfasst und meint die *gesamte* Ausbildung des Pferdes: seine körperliche Schulung ebenso wie Vertrauensbildung, Gehorsam und mentale Kräftigung.

Sinn der Gymnastizierung ist es, das Pferd in die Lage zu versetzen einen Reiter zu tragen ohne dabei Schaden zu nehmen. Dafür ist natürlich sehr viel mehr vonnöten als die bloße „Stärkung seiner Muskulatur". Erstens müssen wir für ein gesunderhaltendes Training schon ein bisschen differenzieren, *welche* Muskeln wir kräftigen möchten und zweitens ist eine muskuläre Kräftigung beim Pferd - wie wir in den vorigen Kapiteln gesehen haben - immer auch ein Stück von seinem mentalen Zustand abhängig. Wir sind für die Kräftigung der richtigen Muskulatur auf die körperliche und psychische Entspannung des Pferdes angewiesen, denn nur aus dieser heraus lässt sich eine losgelassene, positive Spannung entwickeln.

Der erste Schritt der „gymnastizierenden Arbeit" (= jeder Ausbildung des Pferdes) ist daher immer das Schaffen einer verlässlichen Vertrauensbasis. Dann folgt die Bildung einer funktionierenden Kommunikation und damit verbunden eine gewisse Schulung/Erziehung des Pferdes. Denn nur wenn das Pferd weiß, was der Reiter mit einer bestimmten Hilfe oder einem Kommando meint, kann es auch korrekt darauf reagieren. Diese Erziehung darf ausschließlich durch Konsequenz und positive Verstärkung erfolgen, wenn man negative Folgen für das Vertrauensverhältnis vermeiden möchte.
Um das zu erreichen wird das Pferd mit immer neuen Herausforderungen und Aufgaben vertraut gemacht, die so weit wie irgend möglich im Gelände stattfinden sollten: zum Beispiel Reiten durch Wasser, über verschiedene Böden, bergauf, bergab oder querfeldein und das Überwinden verschiedenster Sprünge und Hindernisse. Es werden außerdem Übungen und Lektionen hinzugefügt, welche zum Ziel haben, die Feinabstimmung zwischen Pferd und Reiter zu perfektionieren und die gezielte Mobilisierung

bestimmter Muskelgruppen des Pferdes unter dem Reiter sicherzustellen.

Bei jeglicher gymnastizierenden Arbeit steht eines ganz klar im Vordergrund und das ist: **stets den natürlichen Bewegungsablauf des Pferdes zu erhalten und diesen in keiner Weise zu stören.**

Die komplexen Zusammenhänge im Körper des Pferdes dürfen vom Reiter nicht ignoriert werden und sollten zu jeder Zeit höchste Aufmerksamkeit erfahren.

Vernachlässigen wir diese wichtige Regel, lösen *wir Reiter* Veränderungen in den Bewegungsabläufen des Pferdes aus, die zu Fehlbelastungen, Kompensationen, Verschleiß und Erkrankungen führen.

Ebenfalls größte Aufmerksamkeit ist der **mentalen Verfassung und Stärkung des Selbstvertrauens des Pferdes** zu schenken.

Sollte sich der eine oder andere Leser nun fragen, was die mentale Kräftigung des Pferdes mit dem Aufbau und der Flexibilität seiner Muskulatur, beziehungsweise seiner Gesundheit zu tun hat - das ist ganz einfach:

Wie wir bereits besprochen haben, wird ein Pferd, welches sich fürchtet, überfordert ist oder Schmerzen hat, immer in den Fight or Flight Modus versetzt wodurch automatisch seine Muskeln in eine hohe Anspannung gebracht werden.

Für einen erfolgreichen Muskelaufbau und geschmeidige Muskulatur benötigen wir aber Muskeln, die zwischen An- und Entspannung wechseln können und nicht einfach durchgehend festhalten.

Nur ein Muskel, der beständig zwischen Kontraktion und Rückkehr in die neutrale Position=Entspannung hin und her wechselt, kann sich aufbauen und geschmeidig bleiben. Für jede Arbeit mit dem Pferd unter gesunderhaltenden Gesichtspunkten muss daher eine grundlegende Voraussetzung erfüllt sein - und das ist die *Losgelassenheit*.

Die Losgelassenheit sollte meiner Meinung nach an der ersten Stelle der Skala der Ausbildung stehen, denn selbst der wirklich reine Takt entwickelt sich nur in einem losgelassenen Pferd.

Losgelassenheit ist nämlich mehr, als ein fallender Hals und ein schwingender Rücken.

In Vorbereitung dieses Buches habe ich etwa hundert Reiterinnen und Reiter gefragt, was sie unter „Losgelassenheit" verstehen.

Die Antworten haben mich zwar nicht überrascht, mir aber einmal mehr sehr deutlich gezeigt, dass ein großer Teil des Wesens und der Natur des Pferdes in der heutigen Reiterwelt massiv unterschätzt, wenn nicht gar ausgeblendet wird.

Alle befragten Reiter beschrieben die Losgelassenheit als einen Zustand locker arbeitender Muskulatur, viele fügten noch einen fallenden Hals hinzu, manche einen schwingenden Rücken - aber alle waren sich in einem einig: Die Losgelassenheit findet im Bewegungsapparat des Pferdes statt und äußert sich in einem locker federnden Gangbild.

Diese Aussage ist zwar nicht falsch, aber sie ist definitiv auch nicht vollständig richtig. Denn ein losgelassenes, also locker über den Rücken schwingendes, den Hals aus dem Widerrist fallenlassendes oder in Aufrichtung und Selbsthaltung gehendes, zufrieden abschnaubendes Pferd sehen wir nur dann, wenn es auch innerlich entspannt ist, wenn es keinerlei Bewegungseinschränkungen oder Schmerzen hat und wenn es nicht durch den Reiter in seinen natürlichen Bewegungsabläufen gestört wird.

Auf einem innerlich angespannten, nervösen, ängstlichen oder gestressten Pferd wird der beste Reiter der Welt keine Losgelassenheit erreichen können.

Und ein unsicherer Reiter wird überhaupt nur auf einem extrem routinierten und entsprechend resilienten Pferd die Erfahrung eines losgelassenen Pferdes machen können. (Wie zuvor schon erläutert.)

Wie ebenfalls bereits besprochen, können sowohl die Verfassung des Reiters als auch äußere Umstände das Pferd daran hindern, sich loszulassen. Die Anspannung im Pferd endet immer erst dann, wenn die „Gefahr" vorüber ist. Im Falle eines unsicheren, genervten oder warum auch immer angespannten Reiters also nie.

Loslassen wird sich ein Pferd unter solchen Umständen auf gar keinen Fall.

Losgelassenheit ist eben *nicht* auf den Bewegungsapparat beschränkt - sie ist im Gegenteil überhaupt nur dann möglich, wenn das Pferd zuerst einmal *mental* entspannt ist.

Der eine oder andere von Ihnen wird diese Erfahrung sicher schon einmal gemacht haben: Sie hatten einen stressigen Tag, sind schlecht gelaunt und angespannt und steigen auf Ihr Pferd, um „abzuschalten". Und dann macht das Pferd nichts von dem, was Sie wollen. Es rennt mit hoch erhobenem Kopf durch die Halle, geht nicht in Anlehnung, springt ständig zur Seite, schnorchelt wegen jeder Blume am Wegesrand, hält sich fest und steht unter Hochspannung.

Nicht wenige Reiter versuchen dann aus Frustration und Ärger heraus, das Pferd durch heftige Einwirkung mit dem Zügel gefügig zu machen, manche gar zusätzlich durch Sporen und Gerte. In so einem Fall sind körperliche Folgen für das Pferd garantiert.

Das ist natürlich in hohem Maße unfair. Das Pferd reagiert lediglich instinktiv (nicht bewusst!) auf die Anspannung des Reiters und wenn dieser nun grob wird oder sich mit dem Pferd festzieht, verspielt er nicht nur mühsam aufgebautes Vertrauen - er fügt seinem Pferd auch körperlichen Schaden zu.

Mein Rat:
Steigen Sie niemals auf ein Pferd, wenn Sie angespannt oder genervt sind. Es sei denn, Sie haben einen absolut in sich ruhenden Routinier, den so schnell nichts aus der Fassung bringt.

Und noch ein Rat, für mehr Losgelassenheit und Selbstvertrauen:
Machen Sie Faxen.
Setzen Sie sich ohne Sattel auf Ihr Pferd (wenn Sie sehr unsicher sind auch erst einmal in der Box), reiten Sie ohne Sattel (ein Pad schützt den Pferderücken vor Ihren Sitzknochen), reiten Sie mit Halfter und Strick - kurzum: machen Sie „alberne" Dinge.
Sie werden erstaunt sein, wie viel mehr Vertrauen Sie auf einmal zu Ihrem Pferd gewinnen und wie viel sicherer Sie sich fühlen.

Es gibt beinahe nichts Besseres für unsere Sitzschulung, als das Reiten ohne Sattel. Gleichgewicht, Körperbeherrschung und Balance werden in keiner anderen Situation so perfekt gefordert und gefördert.

Wenn Sie Angst haben Ihrem Pferd weh zu tun: Nehmen Sie ein Reitpad. Sie werden sehen wie alleine schon der Fakt, dass Sie nur ein Halfter oder eine Trense benötigen und auf das Geschleppe des Sattels und das Satteln selbst verzichten können, Ihnen ein Gefühl der Unbeschwertheit und Freiheit gibt. - Die besten Voraussetzungen für Losgelassenheit.

(Bild: istock)

© Julie von Bismarck

Einfach mal wieder so mit dem Pferd umgehen, wie man es als Kind getan hat. Für jene Leser die in Sorge sind, dass ich meinem Pferd auf diesem Bild geschadet haben könnte: Dieses Pferd war das best-untersuchteste Pferd der Welt und ich habe nicht ein einziges Mal negative Auswirkungen eines Reitens ohne Sattel feststellen können. Nicht einmal nach ausgedehnten Geländeritten und Sprüngen auf dem blanken Pferderücken. Ich gebe aber zu, dass dies bei anderen Pferd-Reiter-Paarungen anders aussehen könnte. Nehmen Sie im Zweifel ein Reitpad.

Losgelassenheit bedeutet die Abwesenheit von negativer Spannung und Stress, sowohl mental als auch physisch.
Ein losgelassenes Pferd kann somit kein erhöhtes Stresslevel haben.

Die Wichtigkeit der Losgelassenheit für die Gesunderhaltung des Pferdes:

1. Nur ein Muskel der zwischen Kontraktion und Entspannung wechselt kann seiner Funktion optimal nachkommen und kräftiger werden.

2. Muskulatur benötigt, ebenso wie das Gehirn, Sauerstoff. Dafür muss zum einen ausreichend Sauerstoff im Blut vorhanden sein und zum anderen das Blut auch bis in jeden Teil des Muskels vordringen.

Herausforderung 1: Genügend Sauerstoff im Blut.

Voraussetzung dafür ist:
a) ausreichend Eisen und rote Blutkörperchen, da Sauerstoff an die Eisenmoleküle in den roten Blutkörperchen gebunden wird und erst auf diese Weise in die Muskeln gelangt.
Fehlt es an Eisen oder roten Blutkörperchen, wird entsprechend wenig Sauerstoff gebunden.
b) Eine uneingeschränkte Lungenfunktion und ungehinderte tiefe Atmung.

Zu a): Eisenmangel ist beim Pferd eher selten, kommt aber dennoch vor. Häufigste Ursachen hierfür sind: Chronische Darmentzündungen, Parasiten,

Magengeschwüre, stark blutende Verletzungen oder Operationen und jede Form von besonders großer Belastung, speziell wenn diese mit starkem Schwitzen einhergeht. Auch während des Fellwechsels kann es zu Eisenmangel kommen. Regelmäßige Kontrollen dieses Spurenelements (und aller anderen wichtigen Blutwerte) sind daher sinnvoll.

Obige Auslöser können ebenso für eine geringere Anzahl *roter Blutkörperchen* verantwortlich sein.

Im gar nicht so seltenen Fall chronischer Darmerkrankungen hingegen sind zwar ausreichend rote Blutkörperchen vorhanden, aber es wird nicht genügend Eisen aus dem Futter aufgenommen, da die Resorptionsfähigkeit der Darmschleimhäute gestört ist. Wir erinnern uns an Teil I dieses Buches, in dem es unter anderem auch um die Zusammenhänge zwischen Reiten und Magengeschwüren und zwischen (meist chronischen) Darmerkrankungen / Verdauungsstörungen und Blockaden der Lendenwirbel ging: Wenn wir ein Pferd in negativer Spannung reiten, mit weggedrücktem Rücken und unter Beeinträchtigung der natürlichen Abläufe, blockieren wir dadurch unter anderem die Brust- und Lendenwirbelsäule.

Wir können auf diese Weise zur Entstehung von Magenerkrankungen und einer gestörten Funktion des Darmtraktes beitragen, was in der Folge zu einer mangelhaften Resorption von Vitaminen, Spurenelementen und eben auch Eisen führt und damit zu einer verminderten Bindung von Sauerstoff im Blut.

Zu b): Nehmen wir an, es gibt genügend rote Blutkörperchen und die Eisenspeicher sind ebenfalls alle voll, sprich: sämtliche Voraussetzungen für einen erfolgreichen Sauerstofftransport im Körper sind gegeben. Es fehlt nur noch der *Sauerstoff* selbst. Dieser gelangt, wie wir alle wissen, über die Lungen in den Körper. Damit möglichst viel Sauerstoff pro Atemzug ankommt, müssen die Atemzüge ein möglichst hohes Volumen haben, sprich: möglichst viele Liter Luft pro Atemzug eingeatmet werden und die Lungenbläschen, in denen der Gasaustausch stattfindet (Sauerstoff ins Blut hinein, Kohlenstoffdioxid aus dem Blut zurück in die Lungen, um über die Ausatmung ausgeschieden zu werden), dürfen nicht in ihrer Funktion beeinträchtigt sein. Bei Pferden mit akuten oder chronischen Atemwegserkrankungen ist das nicht mehr gegeben, von diesen dürfen daher niemals höhere Leistungen verlangt werden. Aber auch bei kerngesunden Pferden kann das Volumen der ein- und ausgeatmeten Luft beeinträchtigt sein und dies ist ein weiterer Punkt, der die Wichtigkeit der Losgelassenheit unterstreicht:

Außer im Galopp bestimmt das Pferd die Frequenz und Tiefe seiner Atemzüge selbst und benötigt zum Atmen die Hilfe seiner Atemmuskulatur.

Das ist nicht immer günstig, denn:

a) Können die Atemmuskeln, wie jeder Muskel, verspannen, schmerzhaft übersäuern und ermüden. Das Pferd wird seine Atmung dann entsprechend abflachen und dafür mehr Atemzüge pro Minute machen, was wiederum die Atemmuskulatur beansprucht.

b) Entsteht die gleiche Situation bei einem angespannten Pferd: Ein nicht losgelassenes oder unter negativer Spannung stehendes Pferd wird nicht tief und ruhig, sondern flach und hektisch atmen.

Wenn wir nun auf einem solchen Pferd herumreiten, und dies möglicherweise auch noch ohne Galoppreprisen tun, in denen die Lunge zumindest voll belüftet und entlüftet würde (siehe Kapitel Galopp), können wir auch dadurch eine Sauerstoffunterversorgung des Pferdes hervorrufen.

Die Art wie wir mit dem Pferd umgehen und wie wir reiten, kann also den Sauerstoffgehalt im Blut des Pferdes mitbestimmen.

3. Die negative Anspannung /Abwesenheit reeller Losgelassenheit führt zu anhaltenden Muskelverspannungen. Diese sind nicht nur schmerzhaft, sie können auch auf Nerven drücken und deren Reizleitung stören. Plus: angespannte Muskeln verengen immer die Gefäße innerhalb der betroffenen Areale, wodurch eine optimale Versorgung mit Sauerstoff und Nährstoffen sowie den Abtransport der Endprodukte des Muskelstoffwechsels behindert wird.
Und zu guter Letzt:
Harte, verspannte Muskulatur kann sich nicht weiter kontrahieren, sie verliert ihre Funktion.
Man nennt dies auch „Ermüdung".

Womit wir wieder bei 1. wären:
Für eine optimale Funktion muss der Muskel zwischen An- und Entspannung wechseln.

Auf einem losgelassenen Pferd ist all dies gegeben.

Manchmal ist es aber nicht so einfach, ein Pferd dazu zu bringen, sich reell loszulassen. Nicht einmal für perfekt sitzende und einwirkende Reiter, die die beste Ausbildung genossen haben und sich auf dem Pferd so wohl und sicher fühlen, wie Zuhause auf dem Sofa.

Manchmal liegt der Grund für den emotionalen Stress/die Anspannung des Pferdes außerhalb von uns. Unerkannte Schmerzen sind sicher eine der häufigsten Ursachen, wir sprachen bereits über die Fähigkeit des Pferdes Schmerzen zu verbergen.

Eine weitere - leicht vermeidbare aber leider häufige - Ursache ist die Gewöhnung des Pferdes an bestimmte Bewegungsmuster und Haltungen:

Es ist enorm schwierig, Pferde zu reeller Losgelassenheit zu bewegen, die bereits negative Erfahrungen gemacht haben. Ebenso wie solche Pferde, die mit sehr viel Druck geritten wurden.

Es dauert in so einem Fall oft viele Monate bis die Pferde die gewohnte/antrainierte Haltung aufgeben, sich trauen den Hals wirklich zu dehnen und fallen zu lassen und sich wieder in einer natürlichen Art und Weise zu bewegen. Ein Grund dafür ist, dass diese Pferde oftmals bereits von Anfang an ein vollkommen falsches Bewegungsmuster erlernen - unter anderem, den starken Druck auf dem Zügel als „Stütze" zu nutzen und die Vorhand unnatürlich zu bewegen.

Aber es kommt noch etwas anderes hinzu, das wir niemals unterschätzen sollten:

Pferde haben ein exzellentes Gedächtnis und speichern positive wie negative Erfahrungen lebenslang ab.

Die *negativen* Erfahrungen haben dabei einen eigenen Speicherplatz im Gehirn, welcher bei einem Auslöser, der an eines dieser Erlebnisse erinnert, sofort und ohne die empfangenen Informationen einer weiteren Bewertung zu unterziehen, reagiert.

Das erklärt, warum manche Pferde schon flüchten, wenn sie nur das Auto eines Tierarztes sehen oder panisch werden, wenn sie in der Box nicht fliehen können und jemand mit einer Wurmkur hineinkommt. Es erklärt auch, warum Pferde manchmal schon losrennen, wegspringen, umdrehen, wenn für uns Reiter sichtbar noch gar nichts passiert ist. Und es erklärt, warum manche Pferde sich beim Reiten, egal wie gut der Reiter ist, nicht loslassen können:

Sie werden nervös, angespannt, ängstlich, weil sie befürchten, dass ihnen gleich etwas passiert. Etwas erinnert sie an ein negatives Erlebnis und schon verspannen sie.

Auch aus diesem Grunde ist es so enorm wichtig, Pferde ausschließlich mit positiver Verstärkung auszubilden und das Befüllen dieses Speicherplatzes für negative Erfahrungen im Gehirn des Pferdes unter allen Umständen zu vermeiden. Denn diese schlechten Erfahrungen zu überschreiben ist ein mühsamer und sehr, sehr langwieriger Prozess.

Merke: Pferde lesen nicht nur Emotionen, sondern nehmen auch Körperspannungen und Haltungen auf.

So wie wir auf dem Pferd sitzen, wird es sich auch bewegen. Wenn wir also erreichen möchten, dass unser Pferd seinen Bauch hebt und seine Rumpfmuskulatur engagiert sowie die hinteren Muskeln seiner Hinterhand, so müssen wir genau das tun:

Unsere Rumpf-/Bauchmuskeln und die hinteren Beinmuskeln anspannen und dabei zwischen positiver

Spannung und einer neutralen Position wechseln (je nach Gangart und Aufgabe) und: atmen.

Wenn wir möchten, dass unser Pferd loslässt, müssen *wir* loslassen. Ich persönlich finde, dass Dehnungsübungen und ein kleiner Spaziergang vor dem Reiten (zum Beispiel während man das Pferd Schritt führt) schon dabei helfen. Auf innerlich besonders angespannten Pferden habe ich die Erfahrung gemacht, dass ein „Abschnauben" meinerseits zur Entspannung führt und eine Losgelassenheit schneller erreichbar macht.

Und die bereits erwähnten „Faxen", also einfach mal locker im Sattel sitzen, die Zügel an der Schnalle anfassen, mit einer Hand reiten, mit dem anderen Arm schlenkern, solche Dinge. Je selbstverständlicher Sie sich auf dem Pferd bewegen können, desto sicherer wird ihr gesamter Umgang - und desto besser Ihre Reiterei.

Betrachten Sie die mentale und körperliche *Losgelassenheit* Ihres Pferdes unbedingt als *Voraussetzung* für jede Art von Anforderung.

© Julie von Bismarck

Lob ist keine Unterbrechung des Trainings - es ist der wichtigste Bestandteil desselben. Positive Verstärkung ist essentiell wichtig, um das Selbstvertrauen des Pferdes zu stärken. Ein wichtiger Schritt auf dem Weg zur Losgelassenheit.

©Julie von Bismarck

Losgelassenes Pferd, losgelassener Reiter. Nur wenn dies erreicht ist, können wir höhere Anforderungen angehen und es ist entscheidend, bei jeder Arbeit erst einmal die Losgelassenheit zu überprüfen. - Denn diese ist, kaum verwunderlich, durchaus tagesformabhängig.

© Julie von Bismarck

Losgelassenes Pferd in positiver Spannung. Der Bauch soll sich anheben und die Nüstern immer den vordersten Punkt des Pferdes bilden, dann ist man schon auf einem guten Weg. Es muss nicht immer alles gleich perfekt sein, kann es gar nicht. Aber die Arbeit an der Losgelassenheit ist das Wichtigste in der Gesunderhaltung des Pferdes. Wenn Ihr Pferd nach ein paar Minuten den Hals fallen lässt, abschnaubt und locker über den Rücken schwingt, *dann* können Sie anfangen. Und wenn es die gesamte Trainingszeit braucht bis das erreicht ist, kann man an dem Tag eben nichts anderes üben.

© Julie von Bismarck

Losgelassenheit hat viele Gesichter und ist durchaus nicht nur an einen tiefen Hals geknüpft. Ein losgelassenes Pferd ist frei von negativer Spannung und beginnt sich in einer positiven Spannung selbst zu tragen. Unser Ziel sollte sein, es dabei so wenig wie möglich zu stören und es so gut wie möglich zu unterstützen.

6. Kapitel

Noisy Brain

Dieses Kapitel gehört eigentlich zum vorherigen, aber ich habe es bewusst separiert.

Ich weiß nicht, ob Sie den Begriff schon einmal gehört haben, aber im Englischen nennt man es: „Noisy Brain" - und ich finde das beschreibt den Zustand sehr bildlich. Ein „lautes Gehirn".

In jeder Sekunde werden, selbst in relativer Ruhe und Entspannung, Millionen Reize und Mitteilungen aus dem Körper und der Umwelt an das Gehirn gesendet. Auf fast jedes dieser Signale muss es mit einer Antwort reagieren, also dem Körper sagen, was er tun soll.

Kommen nun noch unnatürliche Situationen, extreme oder unphysiologische körperliche Belastung, mentale oder körperliche Überforderung, Stress oder Schmerzen hinzu, explodieren die auf das Gehirn einprasselnden Reize in einer solch massiven Weise, dass es damit überladen wird und schlicht ein „lautes Chaos" herrscht. Alles funkt und blitzt durcheinander.

Viele von Ihnen werden sicherlich auch schon einmal erlebt haben, wie sich in besonders stressvollen Zeiten das Gehirn einfach nicht mehr abschaltet. Wie die Gedanken dann zu springen und zu rasen beginnen, wann immer Sie eine Minute Ruhe haben. Wie Sie nächtelang wach liegen und einfach nicht mehr in den Schlaf kommen, weil Ihre Gedanken kreisen und kreisen und Sie sie einfach nicht stoppen können.

Da springt das Gehirn dann von der schwierigen Situation im Job zu der Teenagertochter, zum Pferd und der Frage, ob es eigentlich genug Heu bekommt und von dort zum Ehepartner, der in letzter Zeit immer so verschlossen wirkt und spät nach Hause kommt.

Und alles, wirklich alles, was einem in einem solchen Zustand durch den Kopf rast, wird *verschlimmert*.

Sie denken nicht: „Marie hat ja so nette neue Freunde, wie mich das freut, kein Wunder, dass sie lieber Zeit mit ihnen verbringt als mir von ihrem Leben zu erzählen!"

Sie denken: „Marie ist kaum noch zu Hause und wenn, erzählt sie überhaupt nichts mehr – das liegt bestimmt an ihren neuen Freunden, die sind sicher alle drogenabhängig und klauen. Oh mein Gott, ich muss unbedingt mit den Eltern und der Schulleitung sprechen und herausfinden, was da vor sich geht!"

Die Herausforderungen im Job, denen Sie gegenüberstehen, werden Sie garantiert nicht *weiterbringen*, sondern definitiv zu Ihrer *Entlassung* führen. Und auf einmal sind Sie überzeugt davon, dass Ihr Pferd hundertprozentig zu wenig Heu bekommt und erwägen einen Stallwechsel. Aufgrund einer *Annahme*, wohl gemerkt. Und Sie sind sich auf einmal absolut sicher, dass Ihr Ehepartner eine Affäre mit der neuen Bürokraft hat. Die Möglichkeit, dass er/sie möglicherweise an einem anstrengenden Projekt arbeitet und seine eigenen Sorgen schon gar nicht mehr mit Ihnen teilt, weil er/sie Ihre ständige Überanspannung bemerkt, kommt Ihnen gar nicht in den Sinn.

Kurzum: Ein Noisy Brain schafft nichts Gutes.

Es gibt absolut keinen Grund anzunehmen, dass Pferde bei einer Reizüberflutung nicht genau die gleichen negativen Auswirkungen erleben, wie wir:
Chronische Erschöpfung, fehlende Konzentrationsfähigkeit, keinerlei Stresstoleranz,

ständiges unter Spannung stehen, Erschrecken bei kleinsten Anlässen, keine Ruhe finden, nicht entspannen/schlafen können etc. Immer einhergehend mit der daraus resultierenden erhöhten Anfälligkeit für Krankheiten und Verletzungen.

Das Gehirn hat, um ein solches Noisy Brain zu **verhindern**, eine sehr kluge aber gleichzeitig gefährliche Konstruktion geschaffen: die Gewohnheiten.
Gewohnheiten sind, etwas vereinfacht ausgedrückt, erlernte Abläufe, die das Gehirn speichert und schließlich durch bestimmte Auslöser automatisch ablaufen lässt.
Ein Beispiel: Als Sie zum ersten Mal ein Pferd gesattelt und aufgetrenst haben war das ein komplizierter Vorgang für Sie und in Ihrem Gehirn blitzte und funkte es wie ein Feuerwerk. Inzwischen satteln und trensen Sie, ohne weiter darüber nachzudenken und während Sie mit ihrer Stallkollegin schnacken.
Gewohnheiten sind also dafür da, das Gehirn zu entlasten und laufen, sobald sie ausgelöst werden, vollkommen selbstbestimmt ab. Wie wir alle wissen gilt das allerdings auch für negative Gewohnheiten - was es so schwer macht, diese zu ändern.
Beispiel: Es riecht nach Kaffee und Sie *müssen* plötzlich Kuchen essen. Das Pferd scheut und Sie nehmen automatisch die Zügel so kurz wie möglich, weil Sie in so einer Situation einmal heruntergefallen sind.

Genau das passiert auch im Gehirn der Pferde. Leider werden hier solche gewohnten Abläufe/Gewohnheiten häufig als freiwillige Entscheidung des Pferdes fehlgedeutet. Es ist daher sehr wichtig zu wissen, dass für das Pferd als Fluchttier jede Art von Veränderung ein Auslöser von Stress ist. Geregelte Abläufe hingegen bedeuten Sicherheit, das Pferd kann sie vorhersehen und sie bergen somit, in der *instinktiven Bewertung*, weniger Gefahrenpotenzial. Es ist dabei vollkommen unerheblich, ob dies der Gesundheit des Pferdes abträglich ist oder nicht.

Pferde lieben Routine und gewohnte Abläufe.

Das führt dazu, dass es heute Pferde gibt die sogar mit einer großen Weide vollkommen überfordert sind. Die auf einer der schönsten Pferdeweiden, dem Traum eines jeden Pferdebesitzers, eine völlige Reizüberflutung erleiden. Ich kenne Pferde, die durch den bloßen Anblick der ungewohnten Freiheit in den Fight or Flight Modus verfallen und sich am Zaun fast die Beine brechen, nur um wieder in die Box zu gelangen.

– Einfach nur, weil sie es schrecklicher Weise nie kennengelernt haben und sie an enge Einfriedungen gewohnt sind. Dies ist auch der Fall bei Pferden, die bereits nach einer Stunde wieder am Tor stehen. Sie sind es so gewohnt. Manche Reiter schlussfolgern dann daraus, ihr Pferd ginge nicht gerne auf die Weide und stellen das Pferd in der Folge einfach nur noch 1 Stunde von 23 Stunden hinaus. Das ist eine klassische Missinterpretation des Pferdeverhaltens und sagt eine Menge über den Pferdebesitzer und/oder de Stallbetreiber aus - aber rein gar nichts über das Pferd. Wir können und sollten versuchen, unsere Pferde so naturnah wie möglich zu halten und sie bedacht mit immer neuen Situationen zu konfrontieren, um sie resilienter und entspannter werden zu lassen. Aber dabei dürfen wir nicht unterschätzen, wie sehr manche Pferde an bestimmte Abläufe gewöhnt sind und wie viel Zeit es dann in Anspruch nehmen kann, das Pferd umzugewöhnen. Nicht für jedes Pferd ist eine lehrbuchmäßige Haltung sofort geeignet, wenn es nicht daran gewöhnt ist. Und Pferde, denen über Jahre hinweg eine falsche Haltung beim Reiten antrainiert wurde, werden nicht innerhalb von zwei, drei Monaten plötzlich reell losgelassen über den Rücken schwingen, sondern immer erst einmal versuchen, die gewohnte Haltung wieder einzunehmen.

Das bedeutet *nicht*, dass dieses Pferd eben lieber eng und tief geritten wird (ja, auch das hört man tatsächlich manchmal), es bedeutet lediglich, dass der neue Reiter Unmengen an Zeit, Geduld, Können, Geschick und Klugheit aufbringen muss, um dem Pferd aus der antrainierten und damit gewohnten schädlichen Bewegung zu seinen natürlichen Bewegungsabläufen zurück zu verhelfen.

Wie ungemein schwierig das ist kann jeder nachvollziehen, der schon einmal versucht hat eine lange bestehende Gewohnheit zu überschreiben. Denn man kann sie nicht löschen und sie wird durch die kleinste Erinnerung an den Auslöser sofort wieder getriggert. Zügel aufnehmen bedeutet für das Pferd dann automatisch „Nase zur Brust" und es ist ein langer Weg, bis dieser automatische Ablauf durch einen anderen überschrieben ist.

In ungewohnten Situationen und an fremden Orten greifen diese das Gehirn entlastenden Gewohnheiten nicht und kommt es oft erst einmal zu Reizüberflutung und Noisy Brain. Das kann auf einer großen neuen

Weide passieren oder auf einem Turnier oder bei einem Training in fremder Umgebung. Dies ist übrigens auch ein Grund dafür, warum viele Pferde auf Turnieren/auswärts „brav" erscheinen, aber nicht unbedingt die Leistung abrufen können, die sie Zuhause zeigen - sie sind von den Eindrücken einfach überfordert.

Ein Noisy Brain wird beim Pferd mindestens die folgenden drei Auswirkungen haben:

1. Die Muskulatur verbleibt in Anspannung.
2. Die Nervosität und Schreckhaftigkeit des Pferdes steigt in erheblichem Maße.
3. Es ist in diesem Zustand kein Lernen möglich.

Natürlich kommt es auch bei einem Pferd in freier Wildbahn zu vorübergehend erhöhter Erregung, z.B. bei Flucht, Kampf, Paarung o.ä. Aber all diese Zustände werden durch ein klares Ende gekennzeichnet und keine dieser Situationen hält über einen längeren Zeitraum an. Man muss kein Experte sein, um zu erkennen, dass dies beim domestizierten Pferd vielerorts anders aussieht.

Wenn das Pferd in einem Zustand eines Noisy Brain nun noch zusätzlich unter emotionalen Stress (das inkludiert körperlichen Stress und Schmerzen) gesetzt wird, kann dies zu einer derart massiven Überreaktion im vegetativen Nervensystem kommen, genauer: einer Überreaktion des „Fluchtnerven" Sympathikus, dass unmittelbar nach Beendigung der akuten Gefahr sein Gegenspieler, der Parasympathikus, ebenso überreagiert.

Diese überschießende Gegenreaktion äußert sich in vollkommener, restloser, unkontrollierbarer Erschöpfung und bleierner Müdigkeit. Es fallen einem buchstäblich die Augen zu und es ist einem in diesem Moment wirklich alles egal.

Das Schlimme ist:

Es gibt Reiter, die diesen Zustand als „Zufriedenheit" und „Entspannung" des Pferdes bewerten und sich stolz auf die Schulter klopfen, weil ihr Pferd „nach dem Reiten ja so entspannt war". Dabei handelt es sich tatsächlich um einen Zustand vollkommener Erschöpfung. (Eine solche sogenannte Vagotonie kann im Extremfall zum Herzstillstand führen.)

Lassen Sie uns ein Beispiel ansehen, das vielleicht noch einmal verdeutlicht was ich meine und warum ich davon überzeugt bin, dass die mentale und körperliche Losgelassenheit die Voraussetzung für jede Arbeit mit dem Pferd sein muss:

Vielleicht haben Sie schon einmal gesehen, wie ein Reiter sein Pferd „elektrisch" macht.

Wie er das Pferd zu diesem Zweck vorne so stramm wie möglich festhält und es gleichzeitig mit den Beinen, Sporen und Gerte bearbeitet.

Dann haben Sie auch gesehen, wie das Pferd immer hektischer wurde, die Atemfrequenz immer flacher und schneller, wie es die Augen aufriss und versuchte, trotz vom Reiter auf die Brust gezogenen Kopfes noch etwas zu sehen, wie es die Beine anzog als würde es alle Viere gleichzeitig in der Luft halten wollen und auf der Stelle trabte und galoppierte – kurz: wie das Pferd verzweifelt alles nur Mögliche versuchte, um den vollkommen widersprüchlichen Signales des Reiters nachzukommen und die zugefügten Schmerzen dadurch zu beenden.

Durch eine solche „Einwirkung" befindet sich das Pferd innerhalb von Sekunden unter Hochspannung und ist in der Tat: elektrisch.

Denn was in so einer Situation passiert, ist folgendes:
Der Reiter versetzt das Pferd durch das vorne Festhalten und hinten antreiben (plus: das Zufügen von Schmerz) in einen Zustand, der dem Fluchtinstinkt gleichkommt. Das Gehirn kann die widersprüchlichen Reize nicht verarbeiten, bei vielen von ihnen handelt es sich noch dazu um Schmerzreize, also Reize mit einer hohen Priorität.

Das Gehirn gibt den Befehl zur Flucht und versetzt somit die Muskulatur in höchstmögliche Anspannung.

Was dabei in den Muskeln des Pferdes abläuft, können Sie sich vorstellen wie ein völlig außer Kontrolle geratenes, gigantisches elektrisches Feuerwerk:
Die Muskelerregung arbeitet (sehr vereinfacht dargestellt) mit elektrischen Ladungen und diese benötigen einen geregelten Ablauf.

Der ist in solch einer Situation aber nicht mehr gegeben und in der Folge explodieren überall in der Muskulatur elektrische Impulse. Sprich: es kontrahieren sich überall vollkommen ungesteuert und relativ ungezielt beliebige Muskelfasern.

Dass diese bei einem anhaltenden solchen Zustand schließlich auch gegeneinander arbeiten ist anzunehmen. Die Erregung ist einfach vollkommen unkontrolliert. Wenn Muskeln nun gegeneinander arbeiten, kommt es zu Zerreißungen kleiner Muskelfasern (wie es bei konstant angespannten Muskeln ohnehin leicht passiert), lokalen Entzündungen in der Muskulatur, Schäden und Schmerzen.

Sich den Fluchtinstinkt des Pferdes in einer solchen Art zu Nutze zu machen ist nicht nur in höchstem Maße unreiterlich, sondern fügt dem Pferd direkten körperlichen und psychischen Schaden zu und ist daher in meinen Augen tierschutzrelevant.

Der Fakt, dass das Pferd nach einer solchen Situation vollkommen erschöpft wirkt, hat mit „Zufriedenheit" oder Entspannung nichts zu tun - es ist eine Folge des größtmöglichen emotionalen Stresses.

Wenn die Losgelassenheit die erste Voraussetzung jeden Trainings mit dem Pferd darstellt, kann so etwas nicht passieren. Und auch deshalb ist sie in meinen Augen der wichtigste Punkt der Skala der Ausbildung und der wichtigste Teil jeder Arbeit mit dem Pferd.

Würden Richter auf Turnieren die reelle Losgelassenheit, die Abwesenheit negativer Spannung sowie einen das Pferd nicht störenden, unsichtbar einwirkenden Reiter am höchsten bewerten, wäre das ein einfacher aber sehr effektiver Schritt in die richtige Richtung.

Und ich wäre sehr dafür, dass dieses auch in Springprüfungen gelten würde und die Pluspunkte für gutes Reiten dann mit eventuellen Strafpunkten verrechnet würden. Auf diese Weise könnte ein fairer, guter Reiter trotz Abwürfen oder Zeitfehlern gewinnen und alle Reiter würden ihre Priorität auf die gründliche Ausbildung des Pferdes und feine Verständigung legen - und nicht darauf, das Pferd möglichst schnell möglichst hoch springen zu lassen.

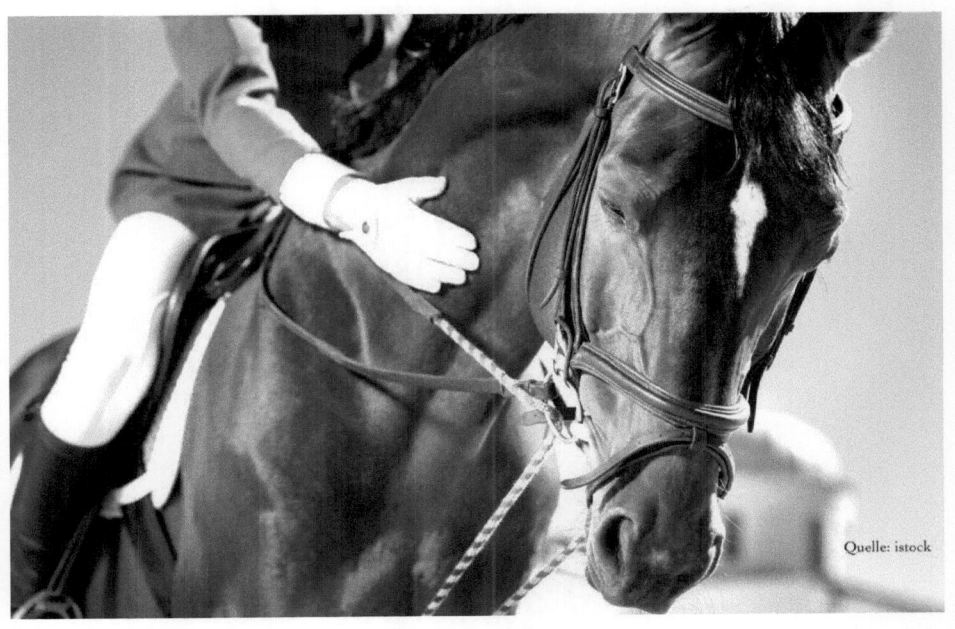

Quelle: istock

Das vegetative Nervensystem dieses Pferdes hat umgeschaltet auf den Parasympathikus. Es gibt ganz sicher einen Grund dafür, warum es den Hals nicht von selbst fallen lässt und sehr wahrscheinlich spielen Schmerzen dabei eine Rolle. Das Lob des Reiters muss sehr verwirrend sein für das Tier. Würde man einfach die alten Regeln beherzigen und erst dann Anforderungen an ein Pferd stellen, wenn die Losgelassenheit erreicht ist, käme es gar nicht erst zu solchen Situationen.

Nein, dieses Pferd ist nicht entspannt. Es ist anzunehmen, dass es von Schmerzen gepeinigt wird und vollkommen erschöpft ist, sein vegetatives Nervensystem kann das vermutlich nicht mehr furchtbar viel länger regulieren. Deutet man so einen Zustand nun falsch und verlangt dem Pferd weitere Leistungen ab, kann dies zum Herzversagen und Tod des Tieres führen.

7. Kapitel

Schritt und der Übergang zwischen Hals und Schulter

Der eine oder andere Leser wird sich vielleicht wundern, warum ich diese beiden Themen in einem Kapitel zusammenfasse. Dies ist einfach der Tatsache geschuldet, dass sich die natürliche, uneingeschränkte Bewegung des sogenannten Cervico-thorakalen Überganges (CTÜ) am allerbesten im Schritt beobachten lässt.

Der Schritt ist die Gangart des Pferdes, in der sich ein wildes Pferd die weitaus meiste Zeit seines Lebens bewegt. Es grast im Schritt und es wandert mit einem auf und ab nickenden Hals im Schritt über weite Strecken.

Nicht nur arbeitet das Nacken-Rückenband in diesen beiden Haltungen optimal, auch alle Muskeln des Pferdes haben dabei ihre beste Funktion, im Sinne eines stetigen Wechsels zwischen An- und Entspannung.

Wenn ein gesundes, freies Pferd im Schritt wandert, nickt sein Hals und Kopf dabei locker auf und ab und der Hals pendelt minimal zu der Seite, auf der das Vorderbein gerade nach vorne greift.

Dazu muss man wissen, dass an der Biomechanik des Schrittes etliche Muskeln des sogenannten Trageapparates beteiligt sind, den wir im nächsten Kapitel besprechen werden.

Die Möglichkeit des Pferdes zur freien Bewegung im Schritt auf der Weide und am hingegebenen Zügel unter dem Reiter ist eine der wichtigsten Maßnahmen in der Gesunderhaltung des Pferdes.

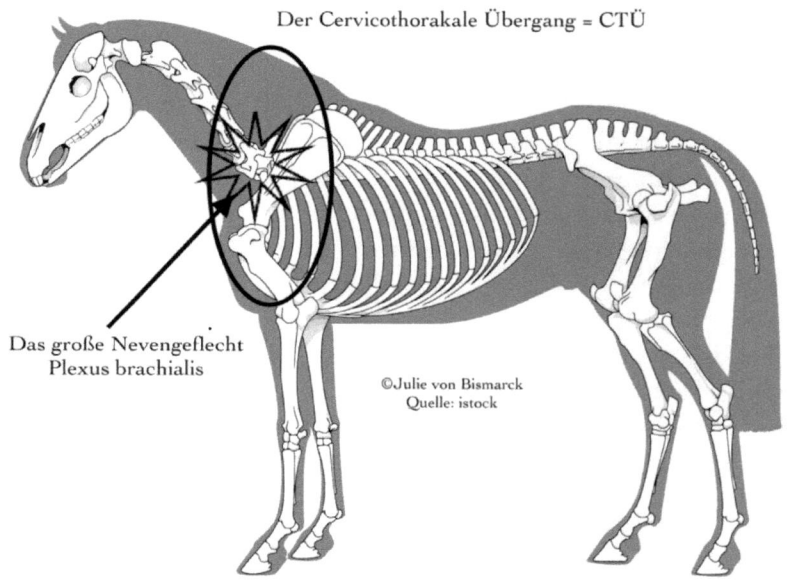

Der Cervicothorakale Übergang = CTÜ

Das große Nevengeflecht
Plexus brachialis

©Julie von Bismarck
Quelle: istock

Verspannungen und Blockaden im Bereich des CTÜ können die Reizleituung der Nerven des Plexus brachialis beeinträchtigen und damit erhebliche Funktionsstörungen sowie Verletzungen der Sehnen und Bänder der unteren vorderen Gliedmaßen hervorrufen.

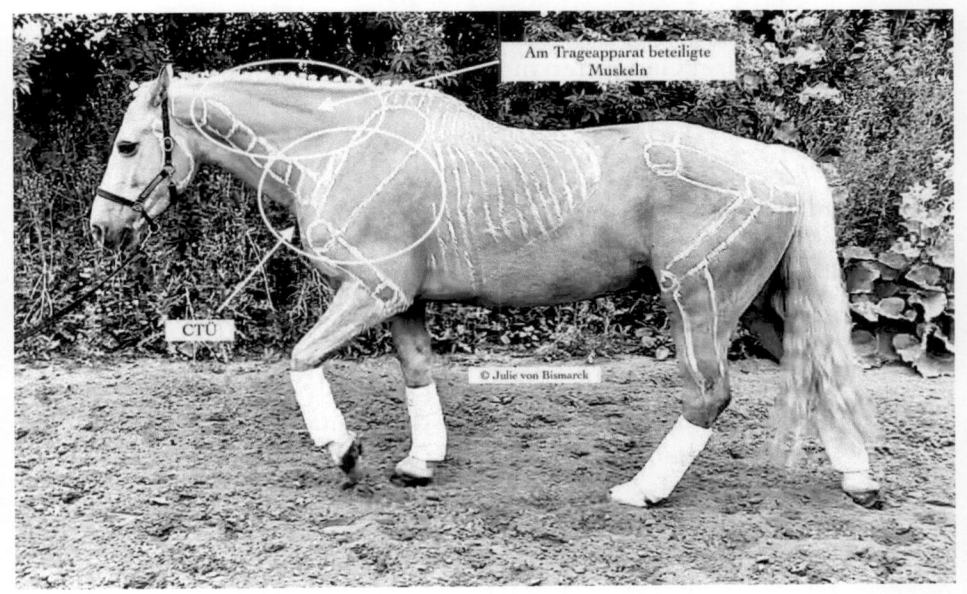

Der Cervicothorakale Übergang und ein Teil der Muskeln, die am Trageapparat des Pferdes beteiligt sind.

Der Schritt ist die Gangart, in der das Pferd sich in freier Wildbahn am meisten fortbewegt. Alle Muskelketten und biomechanischen Funktionen greifen hier optimal ineinander und es ist von entscheidender Bedeutung, diese nicht zu stören.

Das Unterbinden der Bewegungen des Pferdehalses ist in allen drei Gangarten mit negativen Folgen verbunden, aber im Schritt sind diese besonders gravierend für das Pferd:

Im Gegensatz zum Trab und Galopp hat der Schritt keine Schwebephase, sprich: es sind immer mindestens zwei, manchmal sogar 3 Beine am Boden. Dadurch findet die Fortbewegung ohne jeden Schwung statt, ausschließlich durch Muskel- und Sehnenkraft. Da das viel zu viel Energie verbrauchen würde (wir erinnern uns: das Wildpferd verbringt die weitaus meiste Zeit seines Lebens im Schritt) besitzt das Pferd biomechanische Zusammenhänge, die das Voranschreiten im Schritt so kraftsparend wie möglich machen. Ein wichtiger Teil dieser Mechanik äußert sich dabei im auf und nieder gehen des Kopfes/Halses.

Natürlich sind noch etliche andere Muskeln an diesen Bewegungen beteiligt, aber aus Gründen der Übersichtlichkeit lassen Sie uns einmal nur auf zwei von ihnen schauen, die durch ihr perfektes Zusammenspiel in erheblichem Maße zur kraftsparenden Fortbewegung beitragen:

Den Arm-Kopf-Muskel und den breiten Rückenmuskel. Beide sind Teil des sogenannten Trageapparates des Pferdes, also an der Befestigung der Vorderbeine und der Aufhängung des Rumpfes zwischen selbigen beteiligt. Wir werden im entsprechenden Kapitel näher auf sie eingehen, hier wollen wir aber erst einmal auf ihre Bedeutung für den Schritt schauen.

Der Arm-Kopf-Muskel ist (als Ganzes gesehen, denn in Wahrheit sind es zwei verschiedene aber miteinander verbundene Muskeln) am Oberarm und am Schädel angewachsen und führt nicht nur das Bein nach vorne, sondern zieht auch den Hals zur Seite und nach unten. Letzteres maximal dann, wenn er auf beiden Seiten gleichzeitig angespannt wird.

Bei jedem Vorführen des Vorderbeines zieht sich der Arm-Kopf-Muskel auf der Seite des Beines zusammen, welches gerade nach vorne gebracht werden soll.

Sprich der Ansatz (am Kopf) wird in Richtung Ursprung (am Oberarm) gezogen. Dadurch wird zum einen das Bein möglichst weit nach vorne geführt, zum anderen der Hals gesenkt und minimal zur Seite des vorgreifenden Beines bewegt. Hierdurch kommt unter anderem wiederum das Nacken-Rückenband zur Wirkung, welches durch seine Aufspannung bei gesenktem Kopf den Rücken oben hält und der Schwerkraft des Bauches entgegenwirkt.

Gleichzeitig sorgt die Kontraktion des Arm-Kopf-Muskels für eine Entspannung des gleichseitigen breiten Rückenmuskels.

Der breite Rückenmuskel entspringt aus dem Rückenband (und kann dieses bei Verspannungen in seiner Funktion behindern) und der Brust-Lendenfaszie und setzt in zwei Muskeln auf der Innenseite des Schultergelenks an.

In dem Moment, in dem die Vorführphase beendet ist und das Bein abgesetzt wird, kontrahiert dieser breite Rückenmuskel, bewegt also seinen Ansatz auf der Innenseite des Schultergelenks in Richtung seines Ursprunges im Rücken und zieht den Rumpf auf diese Weise über das abgestellte Bein nach vorne.

Wie ein Flaschenzug gewissermaßen.

Die Kontraktion des breiten Rückenmuskels führt gleichzeitig zur Entspannung des Arm-Kopf-Muskels derselben Seite und der Hals hebt sich wieder an.

Eine beeindruckende Art der kraftsparenden Fortbewegung für eine Gangart ohne Schwung und damit auch ohne Trägheit, mit deren Hilfe die Vorwärtsbewegung ausgeführt werden könnte.

Da dieses Anheben bei jedem Abstellen jedes Vorderbeines geschieht und das Senken bei jedem Vorführen, ist das Nicken tatsächlich relativ schnell - je nach Geschwindigkeit und Raumgriff der Schritte.

Sind wir daher bei aufgenommenem Zügel im Schritt nicht extrem weich mit der Hand und geschickt im Folgen der Bewegung und schränken dadurch den Hals des Pferdes in seiner Nickbewegung ein, kann dies sowohl zu anhaltenden Verspannungen im Arm-Kopf-Muskel als auch im breiten Rückenmuskel führen. Ersteres führt unter anderem zur Ausbildung eines Unterhalses und trägt zur Ermüdung des Trageapparates bei, letzteres schränkt unter anderem die Funktion des Rückenbandes ein, sorgt für einen festen Rücken und verhindert ein Anheben desselben.

In der Folge beider Szenarien kann es zu einem sogenannten „weggedrückten" Rücken kommen – also genau das herbeiführen, was wir mit der korrekten Gymnastizierung des Pferdes unbedingt verhindern möchten

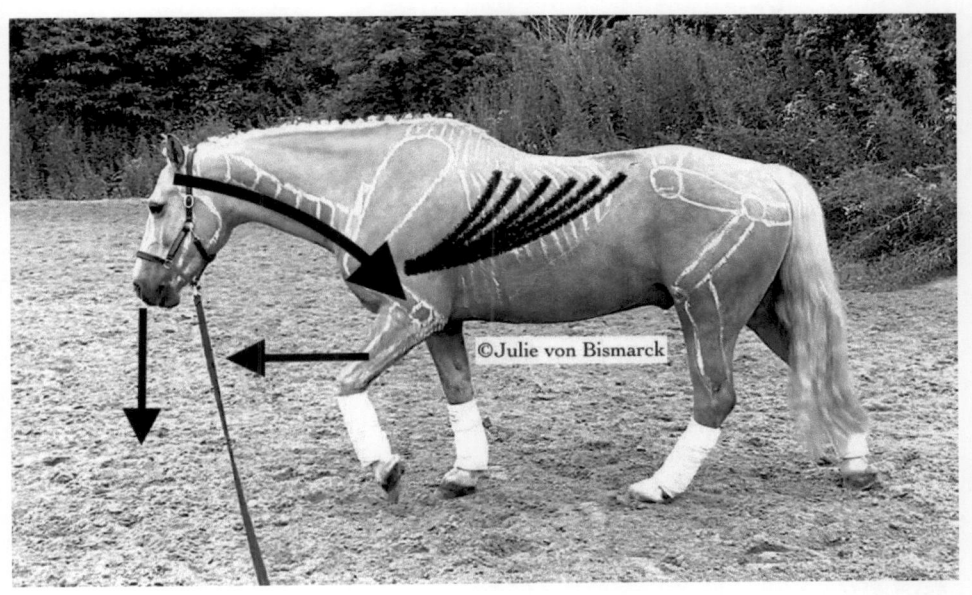

©Julie von Bismarck

1: Vorführphase links: Der Arm-Kopfmuskel kontrahiert und zieht den Kopf Richtung Oberarm, dadurch auch nach unten und links, und bringt das Vorderbein nach vorne. Der breite Rückenmuskel ist entspannt.

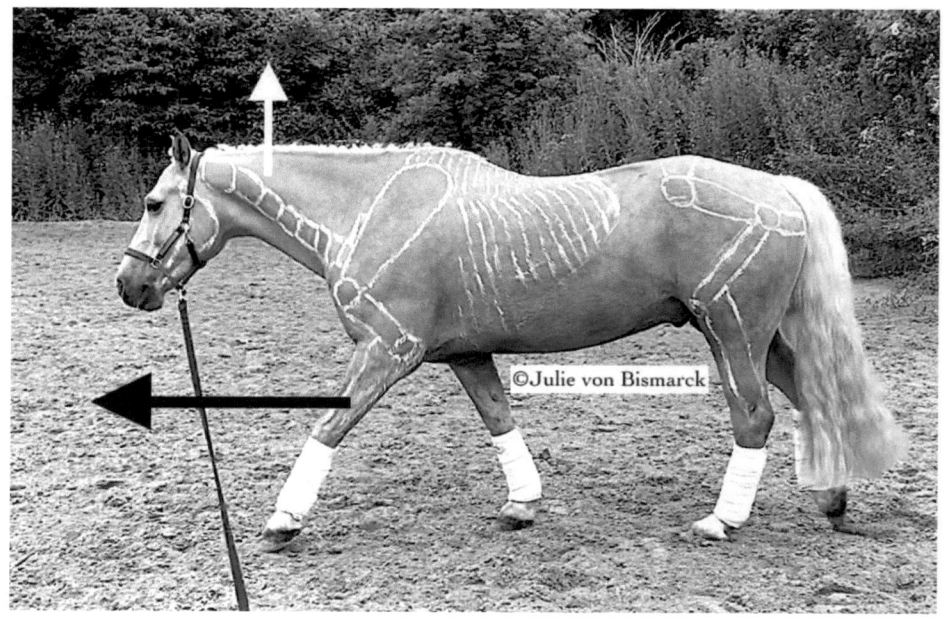

©Julie von Bismarck

2: Nur wenn der Ganaschenwinkel offen ist und die Nüstern den vordersten Punkt des Pferdes bilden, kann das Vorderbein mit viel Raumgriff nach vorne greifen. Kurz vor dem Aufsetzen geht der Hals schon wieder nach oben.

3: Der Hals erreicht seinen höchsten Punkt, das linke Vorderbein ist abgestellt, der breite Rückenmuskel kontrahiert und zieht dadurch den Rumpf nach vorne Richtung Schulter. Der Arm-Kopf-Muskel ist entspannt.

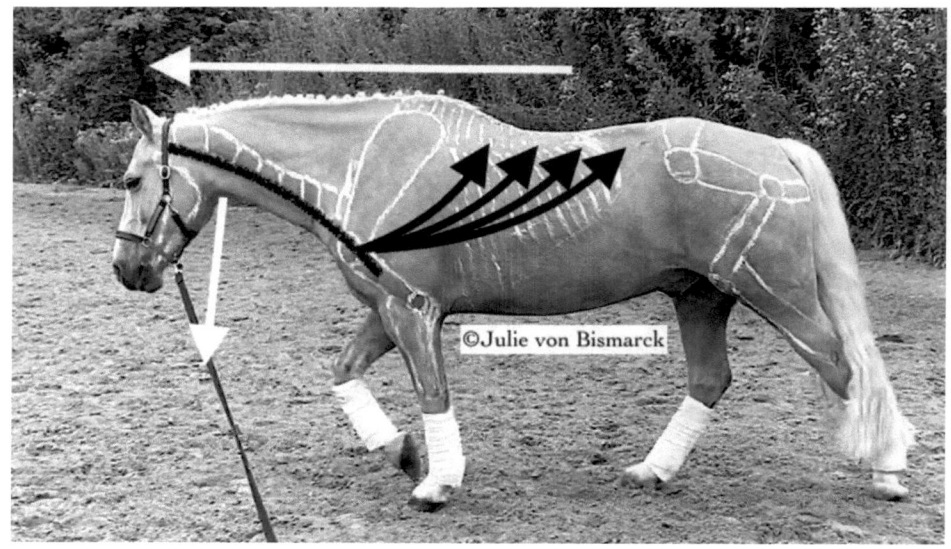

©Julie von Bismarck

4: Durch das nach vorne Ziehen des Rumpfes wird die Vorwärtsbewegung eingeleitet, das Pferd wird ohne Schwung oder die Kraft der Trägheit nach vorne geschoben - wie über einen Flaschenzug.
Der Hals bewegt sich nach unten und rechts, da nun der rechte Arm-Kopf-Muskel das rechte Vorderbein vorführt.

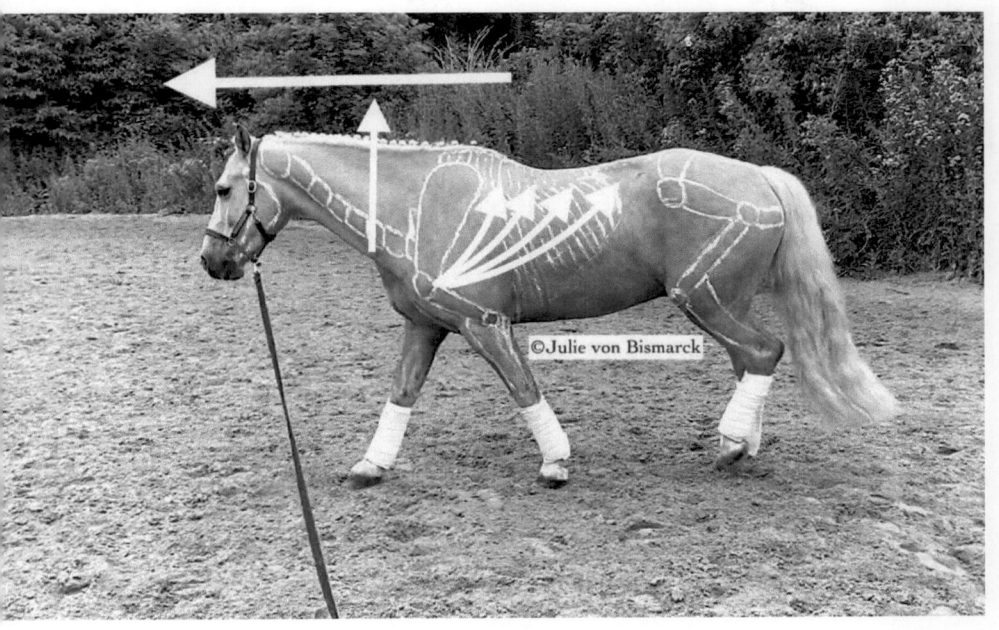

©Julie von Bismarck

5: Die maximale Vorwärtsbewegung ist erreicht, der Hals hebt sich, das rechte Vorderbein setzt auf, der rechte Arm-Kopf-Muskel beginnt zu entspannen, der linke bereitet sich wieder auf die Kontraktion vor.

Der linke breite Rückenmuskel wechselt in die Entspannung, der rechte kontrahiert, um den Rumpf nun über das rechte Vorderbein zu ziehen.

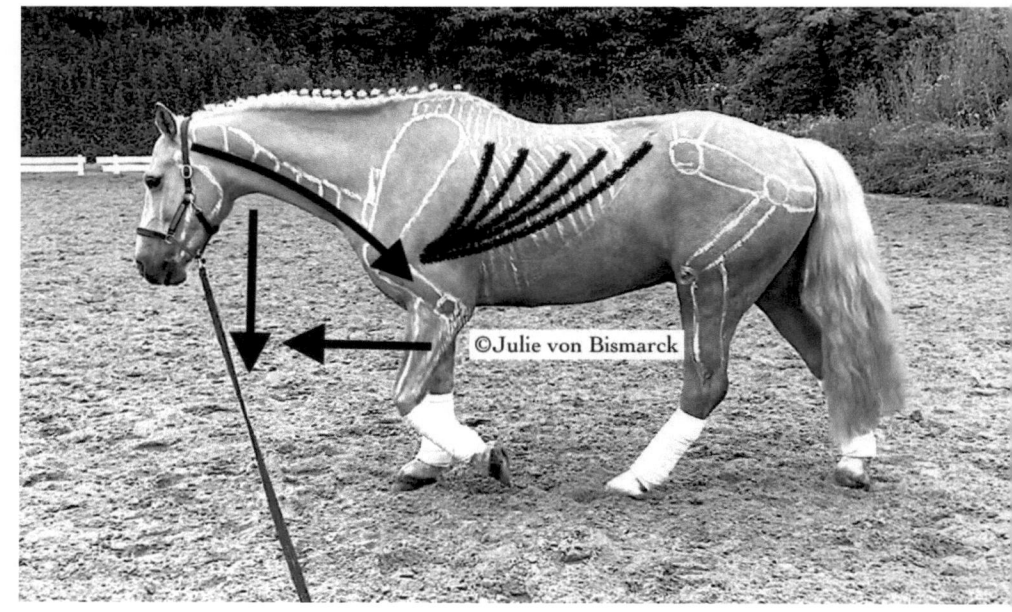

©Julie von Bismarck

6: Der linke Arm-Kopf-Muskel kontrahiert wieder und bringt das linke Vorderbein nach vorne, der linke breite Rückenmuskel ist entspannt und der Ablauf beginnt von vorne.

Wir haben es bereits angesprochen, aber noch einmal zur Erinnerung: Im Areal um den Übergang zwischen Hals und Brustkorb des Pferdes entspringt ein großes Nervengeflecht, der sogenannte Plexus brachialis, dessen Nerven für die motorische und sensible Versorgung vor allem der Vordergliedmaßen zuständig sind. Verhärten die Muskeln in diesem Gebiet, verbleiben sie also in Kontraktion, können sie auf die Nerven drücken und diese in ihrer Funktion stören. Missempfindungen, Stolpern, Stürze sowie Erkrankungen und Verletzungen des Bewegungsapparates (Beugesehnen, Fesselträger, Gleichbeinapparat etc.) sind häufige, und meiner Meinung nach vollkommen unterschätzte, Folgen einer anhaltenden Verspannung der Hals- und Schultermuskulatur in diesem Bereich.

Leider ist aber genau das nach wie vor einer der häufigsten Befunde. Und die Entstehung liegt fast immer in falschem Training und Reiten.

Es gibt Fälle, in denen eine solche Verspannung durch Schonhaltung in Folge einer Verletzung oder eines schmerzhaften Prozesses im Vorderbein entsteht, aber das ist eine völlig andere Situation:

Die anhaltende Kontraktion der Muskulatur ist dann meist nur einseitig in dieser Ausprägung vorhanden und das Pferd behebt sie von selbst, sobald es das Bein wieder voll belasten kann. Das gilt natürlich nur für Pferde, die nicht unter Stress stehen - also keine Veranlassung zur Flucht haben - die an ein eigenständiges Leben mit freier Bewegung gewöhnt sind, keine Schmerztherapie erhalten, den Schmerz zum Schutz des Beines also spüren, und somit in der Lage sind, den Grad ihrer Belastung selbst zu regulieren.

Quelle: istock

Verspannung der Muskeln des CTÜ durch starke Einwirkung auf den Kopf des Pferdes. In der Folge kann es durch die gestörte Reizleitung in den Nerven des Plexus brachialis zu Stürzen sowie Verletzungen der Sehnen- und Bänder der Vordergliedmaße kommen.

Bei allen anderen Befunden im Bereich des Übergangs zwischen Hals und Rumpf des Pferdes handelt es sich um beidseitig in Kontraktion verharrende Muskeln, von denen die meisten am Rumpftrageapparat beteiligt sind. Auch hier ist häufig eine Seite schlimmer betroffen als die andere, aber der Grad der Muskelhypertonie ist auch auf der weniger schlimm betroffenen Seite unnatürlich erhöht.

Die schlimmer betroffene Seite ist fast immer die der Händigkeit des Reiters, in den meisten Fällen also die Rechte.

Warum die Einwirkung des Reiters mit harter Hand oder generell mit viel Druck auf den Zügeln nicht nur zu den im ersten Teil von „Zusammenhänge im Pferd" besprochenen Erkrankungen führen, sondern auch den Trageapparat des Pferdes schwächen kann, wollen wir uns gleich in Ruhe anschauen.

Nun aber lassen Sie uns erst einmal zu etwas Positivem kommen: Dem Galopp und seinen unzähligen Vorteilen für Durchlässigkeit, Losgelassenheit, Kondition, Muskulatur und mentales Wohlbefinden.

8. Kapitel

Der Galopp

Viele Reiter stehen heute unter dem Eindruck, man müsse mindestens im Trab Durchlässigkeit, Losgelassenheit und Balance erreicht haben, bevor man zu galoppieren beginnt. Das ist ein sehr unglücklicher Irrtum, denn mit dem Verzicht auf das Galoppieren beraubt der Reiter sich und sein Pferd der bestmöglichen Lockerung und Durchbewegung, sowie eines hervorragenden Herz-Kreislauftrainings und psychischer wie körperlicher Losgelassenheit.

In keiner anderen Gangart wird das Pferd so umfassend trainiert, gestärkt und gleichzeitig gelöst wie im Galopp. Dennoch bewegen viele Reiter ihre Pferde fast ausschließlich im Trab und Schritt.

Manch einer vielleicht aus Angst, im Galopp leichter herunterfallen zu können, manch einer sicher deswegen, weil es lange Zeit Reitlehrer gab, die genau das gesagt haben: erst Schritt und Trab, dann Galopp.

Selbst in der guten alten Heeres-Dienstvorschrift 12 wird empfohlen das Pferd zunächst im Trab zu arbeiten aber was damit gemeint ist, ist die Herstellung einer funktionierenden Kommunikation (Hilfengebung) mit dem Pferd sowie eines ausbalancierten, geschmeidigen Reitersitzes, der das Pferd nicht in der Bewegung stört, ehe der Galopp hinzu genommen wird. Hier geht es um den Sitz des *Reiters* und es hat rein gar nichts damit zu tun, was viele heutige Reiter offenbar daraus gemacht haben:

Nämlich in der täglichen Arbeit einfach gar nicht mehr zu galoppieren, teilweise über Jahre hinweg.

Der Galopp bringt für uns Reiter so viele Vorteile mit sich, dass wir ihn uns unbedingt in der täglichen Arbeit zu Nutze machen sollten. Und für die mentale und körperliche Gesundheit des Pferdes ist er *elementar wichtig*.

(Ausnahmen hiervon sind selbsterklärender Weise schwer lungenkranke Pferde sowie sogenannte Gang- und Kutschpferde, denen das Galoppieren zuchtbedingt schwerfällt.)

Galoppieren fördert die muskuläre und mentale Losgelassenheit wie keine andere Gangart. Nicht zuletzt deswegen, weil die Atmung des Pferdes im Galopp an die Bewegung gekoppelt ist.

Aber der Reihe nach:

Im Galopp werden die Hinterbeine durch die Flexion der Lendenwirbelsäule nach vorne gebracht statt, wie im Trab, aus dem Hüftgelenk heraus. Durch diesen Bewegungsablauf werden große Anteile des Pferdekörpers mobilisiert und aktiviert.

Die rhythmische, wellenartige Beugung und Streckung im Rücken, die bei jedem Galoppsprung stattfindet, bewegt das komplette Areal: von der Brustwirbelsäule bis zum Schweif, über die Kreuzdarmbeingelenke bis ins Hinterbein.

Jeder Galoppsprung löst auf diese Weise Verspannungen, ganz besonders in der Rücken-, Rumpf- und Tragemuskulatur, fördert die Beweglichkeit und behebt Bewegungseinschränkungen in Rücken, Becken, Hinterhand, Schulter und Vorhand. (Und auch die des Reiters.)

© Julie von Bismarck

Der Galopp fördert die mentale und körperliche Losgelassenheit von Reiter und Pferd, bewegt und gymnastiziert alle Teile des Pferdekörpers und löst Verspannungen in den Muskeln der Vorhand, des Rückens und der Hinterhand.

© Julie von Bismarck

Im Galopp bringt die Flexion der Lendenwirbelsäule die Hinterbeine unter den Körper.

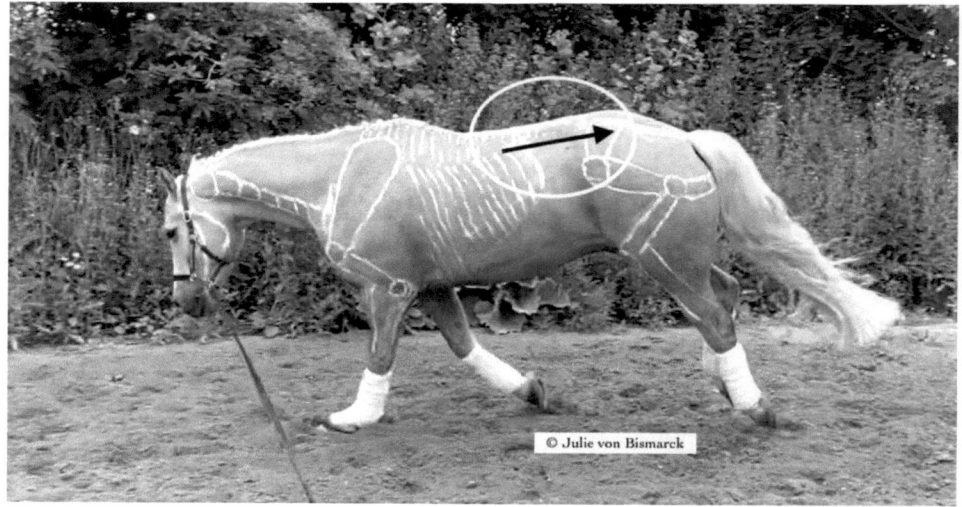

© Julie von Bismarck

Im Galopp werden die Hinterbeine des Pferdes durch eine Beugung in der Lendenwirbelsäule nach vorne gebracht. Während die Hinterbeine in der Luft sind, wird die Lendenwirbelsäule wieder gestreckt.

Die wellenartige Bewegung, die auf diese Weise bei jedem Galoppsprung in der Lendenwirbelsäule des Pferdes stattfindet, führt zu einer optimalen Durchbewegung des Rückens und Lockerung der häufig von Verspannungen betroffenen Lendenmuskulatur.

(Was wiederum Auswirkungen auf die Knie und den Verdauungsapparat haben kann - siehe „Zusammenhänge im Pferd" Teil I.)

© Julie von Bismarck

Dadurch wird der Rücken optimal durchbewegt und viele muskuläre Verspannungen lösen sich währenddessen auf. Immer vorausgesetzt, das Pferd ist frei von negativer Spannung und wird nicht in seinem natürlichen Bewegungsablauf gestört.

Im Trab hingegen erfolgt die Vorwärtsbewegung der Hinterbeine vor allem aus dem Hüftgelenk heraus.

Viele Pferde spannen zu diesem Zweck die Glutealmuskulatur, die Zwischenrippenmuskulatur und die Rückenmuskeln konstant an.

In freier Wildbahn nutzen Pferde den Trab im Vergleich zu Schritt und Galopp kaum. Er ist dort eher eine Übergangsgangart zwischen den beiden anderen und wird beim Spielen benutzt oder als Zuckeltrab, wenn eine Strecke schneller als im Schritt aber nicht im Galopp zurückgelegt werden soll. Aus biomechanischer Sicht ist jeder Trab - außer dem Zuckeltrab - für das Pferd eine eher anstrengende Gangart und vielen Pferden fällt es schwer, sich im Trab, ohne dass sie zuvor galoppiert sind, komplett loszulassen. Viele von ihnen werden sogar eher fester und verspannen noch mehr.

Außer den Rumpf-, Trage- und Rückenmuskeln sind noch einige andere Muskeln von ausgiebiger Trabarbeit negativ betroffen und profitieren gleichzeitig in erheblichem Maße von der Arbeit im Galopp.

Dazu gehören die Muskeln semitendinosus und semimembranosus sowie biceps femoris. Letzterer ist einer der kräftigsten Muskeln des Pferdekörpers, bei allen dreien handelt es sich um wesentliche Muskeln für den Vorwärtsschub, sie sind ein wesentlicher Teil des „Motors" des Pferdes. Zusammenfassend sprechen wir bei diesen dreien von den Hamstrings.

Semimembranosus und semitendinosus (im Folgenden die „mm. semitendinosus und semimembranosus") sind dabei insofern besonders zu erwähnen, als dass diese beiden Muskeln in ganz erheblichem Maße anfällig sind für jede Art von *Stress* und *Anspannung.* Sie gehören zu den ersten, die sich in vermehrte Anspannung versetzen, wenn das Pferd Anzeichen für Gefahr wahrzunehmen meint. Das ist klug, da diese Muskeln für eine erfolgreiche Flucht mitentscheidend sind.

Aber es bedeutet auch, dass diese beiden Muskeln durch uns Reiter, unser Können, unsere Körperbeherrschung und unsere Emotionen *direkt* beeinflusst werden.

So kann ein ängstlicher, unsicherer, angespannter Reiter, jede Art von Schmerz im Pferd sowie das Training in erzwungenen Haltungen ganz direkt die optimale Funktion dieser beiden Muskeln beeinträchtigen und damit eine Kette von negativen Folgen und Schmerz hervorrufen.

Immer wenn der Rücken weggedrückt erscheint, also die vordere und hintere Aufspannung durch den Reiter gestört oder verhindert werden, sind auch die beiden Muskeln semimembranosus und semitendinosus direkt durch Überlastung betroffen. Sie können dann derart schmerzhaft sein, dass das Pferd bei der Untersuchung gezielt zu schlagen beginnt.

Häufig klagen Reiter über „Widersetzlichkeit" im Training und ein insgesamt festes Pferd, wenn die mm. semitendinosus und semimembranosus verspannt sind. Der Zustand kann zu erheblichen Leistungseinbußen führen, einem „mit dem Pferd nicht weiterkommen" und Stagnation auf einem bestimmten Niveau.

Der M. semitendinosus (außen, heller) und M. semimembranosus (dunkel, Innenseite Oberschenkel). Zwei weitere Muskeln, die durch den Reiter direkt beeinflussbar sind.

Eine solche Verspannung der mm. semitendinosus und semimembranosus hat aber durchaus mehr negative Folgen, als „nur" die damit einhergehende erhebliche Schmerzhaftigkeit:

Sind diese Muskeln dauerhaft angespannt, bedeutet das eine Verkürzung der Muskelfasern. Damit behindern sie ganz direkt das Vorführen und unter den Schwerpunkt treten der Hinterbeine. Die Vorführphase verkürzt sich, die Pferde laufen „hinten raus" und eine Lastaufnahme und Schubentwicklung ist ebenfalls nicht mehr reell möglich.

Oft sieht man dies bei einseitig und überfordernd trainierten Dressur-, Western- und Springpferden, aber genauso häufig in jedem beliebigen Reitstall der Welt, bei Pferden jeder Ausbildungsstufe - kurzum: bei Pferden, die nicht nach den klassischen Regeln der Reiterei geritten werden.

Wird das Pferd dabei zusätzlich unter künstliche Spannung gesetzt, wirken die Bewegungen durch das übertriebene Hochziehen der Vordergliedmaßen auf den laienhaften Betrachter „spektakulär", in Wahrheit ist aber keinerlei reeller Schub und kein korrektes Unterfußen der Hinterhand vorhanden.

Hinzu kommt, dass die in Kontraktion verharrenden mm. semitendinosus und semimembranosus nicht nur ein lockeres, weit unter den Schwerpunkt fußendes Hinterbein verhindern:

Als Gegenspieler des M. tensor fasciae latae und des M. quadriceps femoris haben sie auch einen direkten Einfluss auf das Knie.

So wie im Falle des zuvor besprochenen Arm-Kopf-Muskels und breiten Rückenmuskels hat fast jeder Muskel im Körper einen sogenannten Antagonisten

(Gegenspieler), welcher unter anderem dafür zuständig ist, die Entspannung im jeweils anderen Muskel herbeizuführen.

Also: Die mm. semitendinosus und semimembranosus kontrahieren = der Quadriceps und faciae latae entspannen / kehren in ihre neutrale Ausgangsposition zurück.

Verbleiben die Muskeln semimembranosus und semitendinosus nun in dieser angespannten Verkürzung, können Quadriceps und fasciae latae zwar gegenspannen, aber niemals ihre volle Kontraktion erreichen und somit nicht ihre volle Funktion erfüllen - und sich natürlich erst recht nicht aufbauen.

Sprich: sie können sich zwar gegen die Spannung der mm. semitendinosus und semimembranosus anspannen, können sich aber nicht in ihrem physiologischen Maß verkürzen.

Dies hat Folgen, nicht nur für den gesamten Bewegungsablauf, sondern auch für die Gesundheit der Knie. Sehr vereinfacht erklärt bildet die Endsehne des Quadriceps eines jener Bänder, welche die Kniescheibe in Position und beweglich halten.

Die häufig auftretenden Schwierigkeiten mit „den Kniebändern", womit in der Regel ein Springen oder Feststellen der Kniescheibe gemeint ist, haben nicht selten ihren Ursprung in chronisch verspannten und verkürzten mm. semitendinosus und semimembranosus und Verspannungen ihres in so einem Fall zur Hilfe eilenden Unterstützers, des M. biceps femoris.

(Wenn die Probleme im Knie nicht aus der Lendenwirbelsäule heraus entstehen, siehe Band I.)

© Julie von Bismarck

Semitendinosus und Semimembranosus werden optimal gedehnt

Im Galopp werden die für jede Art von Stress besonders anfälligen Muskeln Semitendinosus und Semimembranosus optimal gedehnt.

Durch lockeres Galoppieren lassen sich schmerzhafte Verspannungen in den beiden „Stressmuskeln" sehr gut lösen. Allerdings nicht auf einem engen Kreis. (Das Pferd im Bild wurde auf der ganzen Bahn longiert.)

Folgen des Ignorierens der klassichen Regeln der Reiterei:
Die mm. semitendinosus und semimembranosus und der Biceps femoris sind deutlich verspannt, dort wo der Quadriceps femoris und der M. tensor fasciae latae ausgebildet sein sollten, prangt ein Loch. (Heller Pfeil.)

Des Weiteren ist klar das Absinken des Rückens und das Fehlen der hinteren und vorderen Verspannung zu erkennen, welche hier durch den sehr schlecht sitzenden Reiter, den nicht im Schwerpunkt liegenden Sattel und die enge Halshaltung zusätzlich verhindert werden. Der Arm-Kopf-Muskel zieht das Vorderbein nach oben und nicht nach vorne, da der Ganaschenwinkel des Pferdes zu eng und der Widerrist nicht aufgespannt ist, was eine losgelassene Arbeit des Muskels (= weites Vorführen des Beines) verhindert.

Merke: Bereits durch eigene Anspannung und Unsicherheit können wir ein unter den Schwerpunkt fußen des Pferdes verhindern. Auch deshalb ist die Losgelassenheit die wichtigste Voraussetzung.

Im Galopp werden die mm. semitendinosus und semimembranosus bei jedem Galoppsprung durch das nach vorne Schwingen und in dieser Dehnung aufsetzende Hinterbein maximal gestreckt, gedehnt und auf diese Weise in einer natürlichen Bewegung flexibel gehalten. Langes Traben und mangelndes oder völlig fehlendes Galoppieren ist hingegen eine der häufigsten Ursachen für nachhaltige und extrem schmerzhafte Verspannungen der mm. semitendinosus und semimembranosus.
Aber nicht nur für diese: Auch die Atemmuskulatur leidet darunter.
Ich habe vor einigen Jahren einige kleine Studien durchgeführt, bei denen ich bestimmte Befunde mit der Art des Trainings abgeglichen habe.
In einem Fall ging es mir um anhaltende/nach jeder Behandlung zügig wiederkehrende Verspannungen der mm. semitendinosus und semimembranosus und der Atemmuskulatur. Da dies in Kombination sehr häufig vorkam, wollte ich herausfinden, wie viel diese Pferde galoppiert wurden. Denn natürlich war es möglich, dass beide Muskelgruppen durch Überforderung, Stress und unsachgemäßes Training verspannten, aber ich wollte wissen, ob auch der Galopp einen Einfluss darauf hatte.

Das Ergebnis der Befragung war erstaunlich:
Alle Pferde, die schmerzhafte (teils chronische) Verhärtungen der mm. semitendinosus und

semimembranosus *und* eine verspannte Atemmuskulatur aufwiesen, wurden nicht oder kaum galoppiert, dafür aber etwa 30 Minuten am Tag getrabt.

Um diesen Zusammenhang zu bestätigen, bat ich die Besitzer ihre Pferde für zwei Wochen jeden Tag, in einer nicht engen, sondern korrekten Halshaltung mindestens 5 Minuten am Stück zu galoppieren.

Nach vierzehn Tagen untersuchte ich die Pferde erneut und die Befunde waren deutlich weniger stark ausgeprägt, bei 18 von 25 Pferden waren die Verspannungen sogar gänzlich verschwunden.

Es scheint also einen Zusammenhang zu geben zwischen den Verspannungen der mm. semitendinosus und semimembranosus und der Atemmuskeln sowie dem Fehlen der Galopparbeit.

Und, da bin ich mir inzwischen ziemlich sicher, den Auswirkungen zu vielen Trabens.

Wir haben vorhin schon besprochen, dass der Trab (außer Zuckeltrab) für das Pferd biomechanisch eher anstrengend ist. Aber warum trifft das auch für die Atemmuskulatur zu?

Das Pferd kann im Trab, genau wie in der Ruhe und in allen anderen Gangarten außer dem Galopp, nur unter Zuhilfenahme der Atemmuskulatur atmen. Im Schritt, Trab und in der Ruhe muss das Pferd also seine Atemmuskulatur anstrengen, um seine Lungen mit Sauerstoff zu füllen und die verbrauchte Luft wieder auszustoßen. Es kann selbst bestimmen, wann, wie tief und wie schnell es atmet - was bei verspannten, angespannten, nervösen oder von Schmerz geplagten Pferden häufig zu flacher Atmung mit wenig Lungenbelüftung führt.

Wir jeder andere Muskel auch, kann die Atemmuskulatur außerdem

- *verspannen* = Atmen verursacht Schmerzen/ist unangenehm und
- *ermüden* = keine Muskelleistung vorhanden = tiefes Atmen ist nicht möglich.

Im ersten Fall atmet das Pferd so flach wie möglich, weil es schmerzhaft ist. Im zweiten Fall bleibt die Herz- und Atemfrequenz nach Belastung lange und sehr häufig signifikant erhöht, da das Pferd aufgrund der ermüdeten Atemmuskulatur gar nicht mehr tief ein- und ausatmen *kann*, um den Sauerstoffmangel auszugleichen.
In der Folge versucht der Körper verzweifelt, O2 in die Organe zu schaffen indem

- die Herzrate erhöht wird = durch mehr Schläge pro Minute mehr Blut pro Minute ausgetauscht und in den Blutkreislauf gepumpt wird und
- die Atemfrequenz erhöht wird, um die mangelnde Effizienz/Tiefe der Atemzüge durch eine höhere Anzahl der Atemzüge pro Minute auszugleichen und somit ein größeres Luftvolumen pro Minute zu erreichen und damit mehr Sauerstoff aufnehmen zu können.

Beides geht, wie Sie sich denken können, nicht mit positiven Effekten einher: Die ohnehin schon ermüdete Atemmuskulatur muss durch die steigende Zahl der Atemzüge pro Minute noch mehr leisten, brennt also noch mehr aus und übersäuert im Zweifel. Einige der Atemhilfsmuskeln sind überdies an der Rumpfaufhängung des Pferdes beteiligt, können diese ihrer Funktion nicht mehr nachkommen, sinkt der Rücken nach unten ab. (Dazu später mehr.)

Lassen Sie mich das an einem Beispiel erklären:
Ein nervöses, angespanntes Pferd wird von seinem Reiter Runde um Runde getrabt, weil dieser darauf wartet, dass das Pferd sich loslässt und entspannt. Es vergeht eine Viertelstunde, zwanzig Minuten, schließlich eine halbe Stunde und das Pferd wird immer eiliger und fester. Schließlich beginnt der Reiter vorne an den Zügeln zu ziehen, um das Pferd wieder in ein ruhigeres Tempo zu bringen und es „rund zu machen", da es sich partout nicht loslässt.
Was passiert währenddessen mit dem Pferd:
Das Pferd ist von Anfang an angespannt, zum Beispiel weil es Rückenschmerzen hat, sich unter dem Reiter nicht wohlfühlt, die Umgebung ihm Angst macht - die Gründe können vielfältig sein. Jedenfalls ist es angespannt, was für seine gesamte Muskulatur (auch die Atemmuskulatur) gilt, es atmet dementsprechend flach. Durch das anhaltende Traben wird der Rücken immer fester, das Pferd immer verspannter, die Atmung (aufgrund der zunehmend schmerzenden und ermüdenden Atemmuskulatur) immer flacher und schneller, um den Sauerstoffmangel kompensieren zu können. Als das auch nicht mehr ausreicht, bekommt das Pferd Angst und beginnt zu eilen, woraufhin ihm der Reiter die Nase auf die Brust zieht und damit die Atmung weiter erschwert. Bis der Reiter aufhört zu traben und das Pferd Schritt gehen lässt, ist dies also ein

negativer Kreislauf, der sich auch in den folgenden Tagen nicht durchbrechen lassen wird, da die Atemmuskulatur ermüdet und verspannt ist und das Pferd sich vor tiefer Einatmung hüten wird.

Hätte man das angespannte Pferd nun galoppiert, statt zu traben, hätte es sehr wahrscheinlich bereits nach wenigen Runden zufrieden abgeschnaubt und wäre entspannt und losgelassen durch den Körper gelaufen.

Denn im Galopp bestimmt das Pferd seine Atmung nicht selbst, sondern der Luftaustausch in den Lungen läuft quasi ohne sein Zutun ab. Das mag erst einmal sonderbar klingen, hat aber einen extrem klugen Hintergrund:

Bei jedem Galoppsprung werden die Lungen vollständig mit Luft gefüllt und auch wieder vollständig entleert, ohne dass das Pferd dafür Energie aufwenden muss.

Dies ist übrigens auch der Grund, weshalb viele Pferde mit chronischen Atemwegserkrankungen im Galopp abhusten: während sie im Schritt und Trab flach atmen können, um einen Hustenreiz zu vermeiden, wird im Galopp die gesamte Lunge gefüllt und entleert.

Der Mechanismus dahinter ist so simpel wie praktisch: Drückt sich das Pferd mit dem Hinterbein in die Schwebephase ab, werden durch den Schwung und die damit verbundene Trägheit die Organe und das Zwerchfell nach hinten bewegt. Auf diese Weise saugt das Zwerchfell - ohne dass das Pferd etwas tun muss - bei jeder Einatmung die größtmögliche Menge Luft in die Lungen und Muskeln, Organe und Gehirn werden optimal mit Sauerstoff versorgt.

Landet das Pferd nach der Schwebephase wieder auf dem Vorderbein, zieht sich das kräftige Zwerchfell zusammen und die Organe werden durch die Trägheit wieder nach vorne geschoben, wodurch die Luft wieder aus den Lungen herausgepresst wird.

Diese ebenso verblüffend simple wie effektive Einrichtung der Natur sorgt dafür, dass das Pferd während einer Flucht so viel Sauerstoff wie möglich aufnehmen kann und dafür keinerlei Anstrengung/Energie aufwenden muss.

Dies ist interessant zu wissen, da mangelnde Muskelkraft (wie sie unter anderem durch eine Unterversorgung mit Sauerstoff entsteht) einer der wichtigsten Gründe für Verletzungen und Leistungseinbrüche ist.

Für uns Reiter hat dieser Mechanismus, zusätzlich zu allen oben beschriebenen Vorteilen und der Verbesserung der Kondition allerdings noch einen anderen Effekt, den wir gar nicht hoch genug bewerten können:

Diese Art der tiefen Atmung ohne Beteiligung der Atemmuskeln löst und entspannt Strukturen, die **ausschließlich** im Galopp, in keiner anderen Gangart, mit keiner speziellen Reitweise und mit keiner Bodenarbeit gelöst werden können.

Das Galoppieren fördert damit die mentale und körperliche Losgelassenheit des Pferdes in einer einzigartigen Art und Weise.

© Julie von Bismarck

Im Moment des Abdrückens in die Schwebephase werden die Organe und das Zwerchfell durch die Trägheitsbewegung nach hinten bewegt und die Lungen dadurch mit Luft gefüllt.

© Julie von Bsismarck

Im Moment der Landung nach der Schwebephase werden die Organe samt Zwerchfell durch die Trägheitsbewegung nach vorne geschoben und die Luft wird vollständig wieder aus den Lungen herausgedrückt.

So positiv die Kopplung von Atmung und Galoppsprung für ein gesundes Pferd ist, so negativ kann sie sich für ein Pferd mit Erkrankungen der Atemwege auswirken: Die Tatsache, dass die Atmung des Pferdes im Galopp immer nur so schnell ist, wie der Galopp selbst und das Pferd hier nicht mutwillig eingreifen und den Atemrhythmus verändern kann, birgt bei erkrankten Pferden die Gefahr eines akuten Sauerstoffmangels.

Ein Pferd mit einer chronisch obstruktiven Bronchitis beispielsweise, durch welche sich die Atemwege verengen, wird daher im Galopp versuchen, immer schneller und schneller zu galoppieren, um seine Atemfrequenz zu erhöhen.

= Je mehr Galoppsprünge desto mehr Atemzüge.

Das kann irreführend wirken, die Reiter wissen zwar von der Atemwegserkrankung, schließen aber aus dem „Vorwärtsgehen" des Pferdes, dass es ihm gut genug geht, um voll belastet zu werden. Dabei ist dieses „fleißige" Eilen oftmals ein Zeichen für Sauerstoffmangel und Angst im Pferd.

Die Mechanik der an den Galoppsprung gekoppelten Atmung wird hier zum Problem, weil das Pferd durch die verengten Atemwege pro Galoppsprung nicht genügend Sauerstoff erhält und diesen akuten Sauerstoffmangel nicht durch eine Erhöhung der Atemfrequenz und eine bestimmte Art der Anspannung der Atemmuskeln ausgleichen kann, wie es das in den anderen Gangarten und in der Ruge tut. (Durch das sogenannte „Pumpen". Bei solchen Pferden kann man die Funktion der Atemmuskulatur gut beobachten, da diese bei ihnen meist hypertrophiert ist, um überhaupt noch gegen den Widerstand in den verengten Luftwegen ein - und ausatmen zu können. Dies führt dann irgendwann zur Bildung einer sogenannten „Dampfrinne".)

Dies sei der Vollständigkeit halber erwähnt, damit Sie nicht auf die Idee kommen Ihr dämpfiges Pferd nun ausgiebig galoppieren zu wollen, weil Sie dieses Kapitel über die vielen Vorteile des Galopps gelesen haben. Achten Sie unbedingt auf Anzeichen von Luftnot, die sich beim Reiten meisten zuallererst im „Eilen" des Pferdes (Weglaufen) äußert oder in erheblicher „Triebigkeit". Bei einem lungenkranken Pferd sollte in jedem Fall der Grad der aktuellen Belastbarkeit *immer* mit dem behandelnden Tierarzt abgesprochen und das Training strikt nach dessen Vorgaben ausgeführt werden.

Für alle gesunden Pferde der normalen Reitpferderassen gilt:

Der Galopp hat so viele Vorteile, dass wir ihn uns auf jeden Fall jeden Tag in der Arbeit zu Nutze machen sollten.

Ausnahmen:

Ursprünglich zum Fahren gezogenen Kutschpferden oder Vertretern der sogenannten Gangpferderassen, also Pferden, denen zu den natürlichen Gangarten zwei weitere angezüchtet wurden (die Fähigkeit zu Tölt und Pass ist möglicherweise mit einer Genmutation im Gen DMRT 3 verbunden), kann der reine Galopp verloren gehen. Diese Pferde können dann Schwierigkeiten mit dieser für ein Pferd eigentlich so wichtigen Gangart haben und ein solches Pferd nun auf die gleiche Weise im Galopp arbeiten und trainieren zu wollen wie ein normales Warmblut, ist natürlich nicht hilfreich.

Gleiches gilt für die Kaltblüter oder andere Rassen, die als Zugpferde auf dem Acker, beim Stämme - Rücken im Wald oder vor den Lasten- und Bierwagen ihre Arbeit taten - und bis heute tun. Hier war und ist ein gelegentlicher langsamer Zockeltrab bei vielen Vertretern bereits ein Ereignis. Dass es für ein derart schweres Pferd schon aufgrund seiner Masse enorm anstrengend und nicht immer sonderlich erstrebenswert sein wird, sich in einer Gangart mit Absprüngen, Schwebephasen und Landungen fortzubewegen, sollte niemanden wirklich verwundern. Durch die Körpermasse und das Gewicht dieser Pferde ist eine Gangart, in der gesprungen werden muss, verständlicherweise deutlich anstrengender und mit mehr Belastung verbunden, als für ein leichtfüßiges, sportliches Warmblut oder gar ein Vollblut, welches eigentlich nur aus Muskeln, Sehnen, Lungen und Herz besteht.

Einen Friesen, Kaltblüter, Traber, Aegidienberger, Isländer oder Tenessee Walking Horse in gleichem Maße in einem normalen Galopp arbeiten zu wollen, wie das bei einem Voll- oder Warmblut hilfreich ist, ist daher nicht selten kontraproduktiv.

Selbstverständlich können all diese Pferderassen zwar noch galoppieren, aber viele Vertreter dieser Rassen tun sich damit schwer und müssen daher anders an das Galoppieren herangeführt werden.

Abgesehen von diesen Spezialfällen gibt es bestimmte Zusammenhänge zwischen Galopp und Erkrankungen beziehungsweise   Einschränkungen   im

Bewegungsapparat des Pferdes, welche ein Galoppieren für das Pferd unangenehm bis unmöglich machen.

Wenn ein Pferd (nicht das lungenkranke oder der Vertreter der „Spezialrasse" und auch nicht das gerade angerittene noch nicht mit Reiter balancierte Pferd in einer engen Reitbahn!) das zuvor immer galoppiert ist auf einmal nicht mehr galoppieren möchte, sollte man daher immer nach der Ursache suchen.

Etwas grob kann man die Schwierigkeiten im Galopp beim gut gerittenen, normalen Reit(!)-Pferd in fünf Kategorien einteilen:

1. Pferd möchte nicht angaloppieren, rennt in den Galopp hinein
2. Pferd springt immer wieder im Kreuzgalopp an.
3. Pferd galoppiert im „Hasengalopp".
4. Pferd galoppiert im Viertakt.
5. Pferd galoppiert gar nicht.

Zu 1.: hier sind die häufigsten Ursachen tatsächlich in unerkannten Sehnenschäden der Vorhand (insbesondere der oberflächlichen Beugesehne) und Blockierungen oder Erkrankungen der Halswirbelsäule (besonders C 4-C 7) zu suchen.

Im Falle eines beginnenden Sehnenschadens oder einer Entzündung, ist das Pferd in der Regel auf der Hand schwieriger zu galoppieren, auf der das betroffene Vorderbein außen ist. Dieses ist, mit dem inneren Hinterbein zusammen, dafür zuständig das Pferd in die Schwebephase abzudrücken und steht daher unter größerer Belastung als das innere Vorderbein, welches eigentlich nur eine Umlenkrollen-Funktion übernimmt, in dem es die Vorwärtsbewegung im Galopp über sich abrollt.

Liegt die Ursache im Hals, so ist das Galoppieren meist (Ausnahme siehe unten) auf beiden Händen annähernd gleich schwierig. Der Hals ist die wichtigste Balancierstange des Pferdes und diese braucht es nachvollziehbarer Weise vor allem im Galopp, einer Gangart, in der sich das Pferd immer wieder mit allen Vieren in der Luft befindet. Im Flug ohne Bodenkontakt benötigt das Pferd den Hals zum Balancieren.

Ist nun einer der Halswirbel minimal in seiner optimalen Bewegung blockiert, bringt das bereits ein Ungleichgewicht in diese Balance. Aber auch der natürliche Bewegungsfluss wird durch einen oder mehrere festgestellte Halswirbel beeinträchtigt. Der Galoppsprung ist ja im Verhältnis zu anderen Gangarten sehr aufwendig und betrifft tatsächlich den ganzen Körper (weshalb er so großartig für die Gymnastizierung geeignet ist). Das weite Vorgreifen der Vorderbeine kann nur ungestört und unaufwendig stattfinden, wenn die Halswirbelsäule mit der dazugehörigen Muskulatur locker und in ihren physiologischen Grenzen beweglich ist.

Eine Blockierung geht aber immer mit einer Verspannung der umliegenden und direkt betroffenen Muskeln einher, da das Gehirn im Falle einer drohenden Überschreitung der physiologischen Bewegungsgrenzen befiehlt, das Gelenk/den Wirbel fest zu stellen, um größeren Schaden zu verhindern.

(Wie zum Beispiel eine komplette Verschiebung der Gelenkflächen mit Zerreißung der Bänder und Zerstörung umliegender Strukturen, im schlimmsten Falle von Nerven oder gar des Rückenmarks). Eine

Blockierung der Halswirbel, in diesem Fall zwischen C 4 und C 7, betrifft also immer auch direkt die Muskulatur der Vorhand und Schulter - und: die Rumpftragemuskulatur. Dazu ausführliches im nächsten Kapitel, aber in Bezug auf den Galopp sei gesagt:

Der sogenannte Musculus serratus ist einer jener Muskeln, denen die schwierige Aufgabe zukommt, den Rumpf des Pferdes anzuheben. Und dieser Muskel entspringt unter anderem auch an den Querfortsätzen der Halswirbel 4 - 7.

Das heißt: er ist in seiner Flexibilität sofort betroffen, wenn einer dieser Wirbel in seiner Beweglichkeit eingeschränkt ist. Das wiederum bedeutet, dass das Pferd bei jedem Galoppsprung, bei jeder Landung, mit seinem gesamten Gewicht auf dem einen Vorderbein hart in den Boden läuft, weil die Federung des Rumpftrageapparates nicht so elastisch ist, wie sie sein sollte. Da dies nicht nur für die verspannte Muskulatur, sondern auch für alle Gelenke des betroffenen Vorderbeines außerordentlich unangenehm ist, versucht das Pferd den Galopp zu vermeiden. Mindestens auf der Seite, also auf der Hand, auf der der M. serratis in seiner Flexibilität eingeschränkt ist. Das kann bei bestimmten Halswirbelblockaden erstaunlicher Weise tatsächlich nur die eine Seite betreffen.

Zu 2.: Wenn das Pferd immer wieder dazu neigt, im Kreuzgalopp anzuspringen gibt es dafür mehrere Ursachen, die im Bewegungsapparat zu finden sein könnten. Zunächst einmal stehen hier alle Erkrankungen und schmerzhaften Veränderungen der

Sprunggelenke und der Kreuzdarmbeingelenke im Vordergrund.

Die meisten Pferde mit einer Erkrankung des Sprunggelenkes möchten ein Landen (die Stützbeinphase) auf dem betroffenen Bein vermeiden, weshalb sie dann oftmals im Kreuzgalopp anspringen, wenn das erkrankte Bein außen ist.

Gleiches gilt für Pferde mit Erkrankungen des Fesselgelenkes oder auch Läsionen des Gleichbeinapparates und Ringbandes.

Ein Anspringen im Kreuzgalopp, wenn das erkrankte Bein innen ist, weist hingegen häufig auf Läsionen des Fesselträgers und der Beugesehnen hin.

Beispiel 1: Ein Pferd hat eine unerkannte Fesselträgerreizung im linken Hinterbein. Es springt also auf der linken Hand hinten nicht im Linksgalopp sondern im Rechtsgalopp an, um sich nicht mit dem schmerzenden linken Hinterbein Bein in die Schwebephase hinein abdrücken zu müssen.

Beispiel 2: Ein Pferd leidet an einem schmerzhaften Prozess im linken Sprunggelenk. Dieses Pferd wird auf der linken Hand ganz normal im Handgalopp angaloppieren, aber auf der rechten Hand immer wieder hinten im Linksgalopp statt im Handgalopp anspringen, da im Rechtsgalopp nach der Schwebephase auf dem linken Hinterbein gelandet wird.

Nimmt man solche Zeichen nicht ernst und reitet weiter, forciert das Pferd möglicherweise gar mit Kraft in den Handgalopp und „übt" entsprechend lange das Galoppieren, damit das Pferd wieder richtig anspringt, wird es niemanden verwundern, dass daraus schwerwiegende Läsionen und langwierige Lahmheiten entstehen. Und von den Schmerzen, denen wir unser Pferd bis dahin ausgesetzt haben, wollen wir lieber gar nicht erst sprechen. Es ist in jedem Fall angeraten bei unklarer Ursache die hier angesprochenen Möglichkeiten durch einen erfahrenen Tierarzt ausschließen zu lassen. Und das gilt natürlich für alle hier aufgeführten Szenarien.

Das Anspringen im Kreuzgalopp findet sich allerdings nicht nur bei den oben genannten Läsionen, es ist auch fast immer bei Pferden zu beobachten, die Blockierungen oder Entzündungen in einem der Kreuzdarmbeingelenke haben. Dabei hängt es von der Art der Bewegungseinschränkung ab, ob das Pferd eher das Abdrücken oder die Landung vermeidet - auf welcher Hand es also eher zum Kreuzgalopp neigt.
Kurz zur (sehr abgekürzten, s. Teil I) Wiederholung:
Das Kreuzdarmbeingelenk wird aus den Darmbeinschaufeln und dem Kreuzbein gebildet. Es handelt sich um ein extrem straffes Gelenk, das ausschließlich von Bändern und Muskeln gehalten wird, also keine Pfannen-Kugel-Konstruktion aufweist und das Becken des Pferdes und somit die Hinterhand, mit der Wirbelsäule verbindet.
Die Bewegungsausschläge zwischen Darmbein und Kreuzbein sind zugunsten der Stabilität zwar sehr gering, aber außerordentlich wichtig. Ist diese minimale Bewegung eingeschränkt verhindert dies die Übertragung des Schwunges und der Energie aus dem Hinterbein auf den Rücken.

Beide Darmbeine können sich, in sehr kleinen Grenzen, gegenüber dem Kreuzbein nach oben, nach unten, nach kopfwärts und nach schweifwärts bewegen.

Am Beispiel des Linksgalopps: bringt das Pferd das linke Hinterbein nach vorne, schiebt sich das linke Darmbein am Kreuzbein nach oben und schweifwärts. Ab dem Moment des Aufsetzens und Abdrückens in die Schwebephase schiebt sich das Darmbein am Kreuzbein nach unten und kopfwärts.

Dies ermöglicht eine optimale Übertragung der Kraft aus der Hinterhand auf den Rücken.

Ist nun, um beim Linksgalopp zu bleiben, das linke Darmbein in der Postion „oben und schweifwärts" festgestellt, kann dies dem Pferd beim Abdrücken Schwierigkeiten bereiten und unangenehm sein, da das Darmbein sich in dieser Bewegung dann nicht wie vorgesehen nach vorne und unten verschieben und den Schwung auf das Kreuzbein (die Wirbelsäule) übertragen kann. Das Pferd wird daher möglicherweise auf der linken Hand im Kreuzgalopp anspringen, um ein Abdrücken mit dem linken Hinterbein zu verhindern.

Die Landung auf einem in dieser Position festgestellten Darmbein ist auch nicht schön und sehr „stockig", aber für das Pferd weniger unangenehm.

Dafür ist ein andersherum nach unten und vorne festgestelltes Darmbein wiederum beim Landen sehr unangenehm, weshalb das Pferd in so einem Fall im Kreuzgalopp anspringen würde, wenn das betroffene Kreuzdarmbeingelenk *außen* ist.

(Auf den beiden Abbildungen auf den nächsten Seiten können Sie diese Bewegungen nachvollziehen.)

Für den Fall, dass beide Kreuzdarmbeingelenke von Blockierungen / Bewegungseinschränkungen betroffen sind, führt dieses eher zu 3.

3.: Die mit Abstand häufigste Ursache für ein Galoppieren im „Hasengalopp", also ein fast oder sogar ganz gleichzeitiges Untersetzen beider Hinterbeine im Galopp, sind meiner Erfahrung nach Schmerzen und/oder Verspannungen und Bewegungseinschränkungen im Becken und in den Kreuzdarmbeingelenken des Pferdes.

Aber auch eine Blockierung des Kreuzbeines in einer Position, in der die Kreuzbeinbasis dorsal festgestellt ist kann diese Art des Galopps hervorrufen.

Bei Stuten ist es außerdem häufig ein Hinweis auf Erkrankungen oder Dysfunktionen der Geschlechtsorgane / des Hormonstoffwechsels. Manche Stuten neigen sogar während einer normalen Rosse dazu, das sollte dann aber ebenfalls tierärztlich abgeklärt werden.

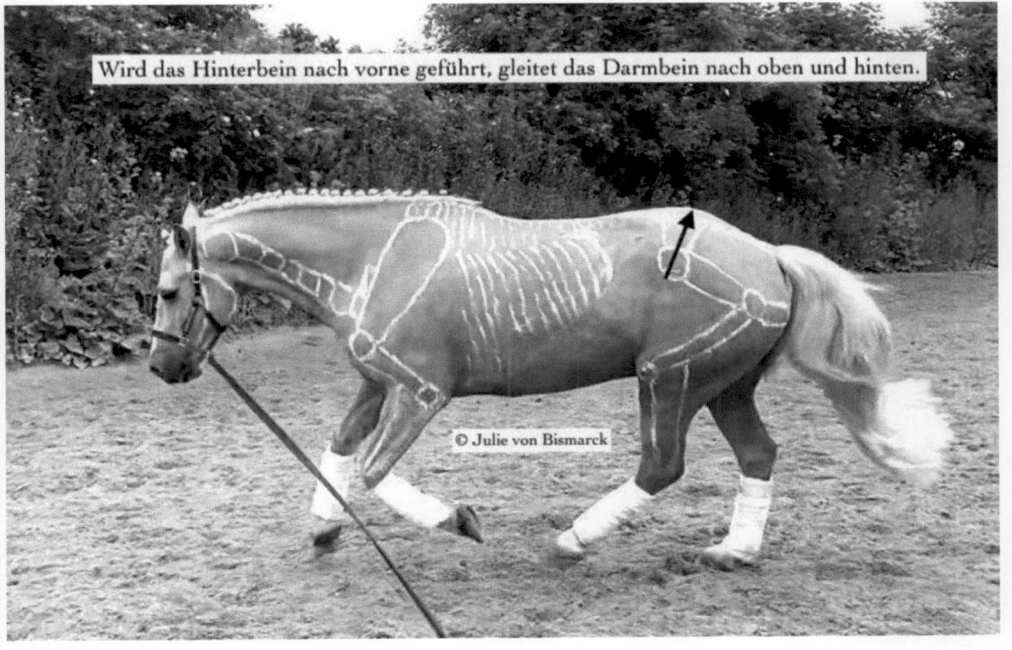

Wird das Hinterbein nach vorne geführt, gleitet das Darmbein nach oben und hinten.

Wird das Hinterbein nach vorne geführt, gleitet das Darmbein am Kreuzbein (im ISG) nach oben und hinten.

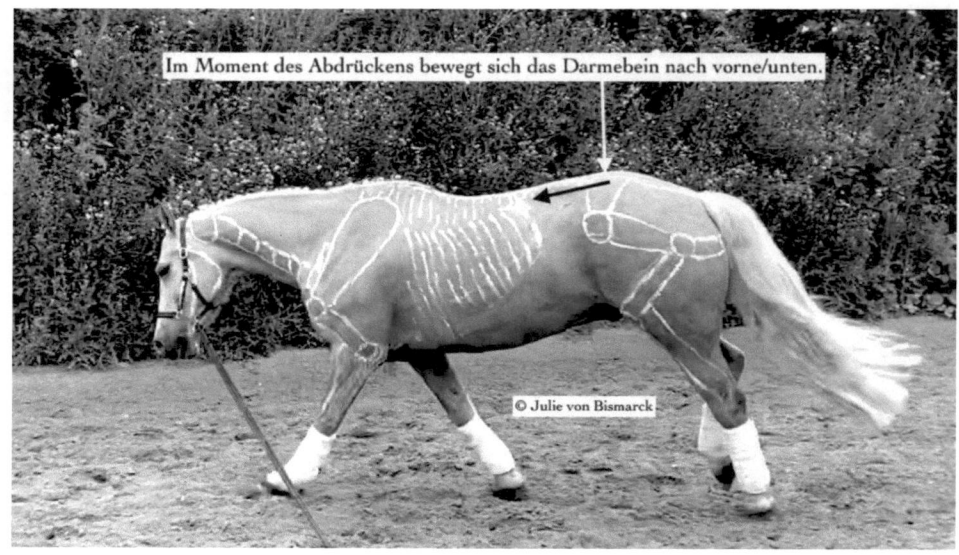

Im Moment des Abdrückens bewegt sich das Darmebein nach vorne/unten.

© Julie von Bismarck

Drückt sich das Pferd mit dem Hinterbein ab, schiebt sich das Darmbein am Kreuzbein (im ISG) nach vorne und unten und überträgt den Vortrieb und den Schwung auf die Wirbelsäule = den Rücken.

4.: Das Galoppieren im Viertakt, oder nahe daran, wird in den weitaus meisten Fällen durch schmerzhafte Verspannungen, Entzündungen und/oder Blockierungen im Bereich der Lendenwirbelsäule und der Lendenmuskulatur ausgelöst. Ganz häufig ist dies eine Folge zu langer/unpassender Sättel, bei denen die Kissen bis in den Lendenbereich hineinreichen und dort Druck ausüben. Dies führt erfahrungsgemäß immer mindestens zu Blockaden des thorakolumbalen Übergangs und der ersten zwei bis drei Lendenwirbel. Besteht diese Blockierung über einen längeren Zeitraum in dem das Pferd weiter geritten wird, kommen sehr schnell Entzündungen in der lokalen Muskulatur hinzu. (Weitere Zusammenhänge zum Knie, zu Verdauungsstörungen wie Kotwasser und Durchfällen sowie zu Störungen der Geschlechtsorgane und des Hormonsystems nachzulesen in Teil I.)

Ein weiterer Grund für einen Galopp im Viertakt kann in einer Blockierung des Kreuzbeines liegen, wenn dessen Basis nach ventral (unten) festgestellt ist. Dieses verhindert dann ein Aufrichten des Beckens und somit ein Vorschwingen der Hinterbeine, die Pferde versuchen die Bewegungseinschränkung zu kompensieren und es entsteht ein Viertakt.

5.: Wenn ein Pferd gar nicht mehr galoppieren möchte, dies zuvor aber getan hat, können hierfür auch einige der bereits zuvor besprochenen Läsionen/Entzündungen der Sehnen oder Gelenke ursächlich sein. Insbesondere die Sprunggelenke und die Fesselgelenke (inklusive Ringband und Gleichbeinapparat) sind in solchen Fällen häufig verantwortlich, sowie die Beugesehnen der

Vorhand (natürlich auch die der Hinterhand, aber diese sind erfahrungsgemäß eher selten betroffen), ebenso kommen die Fesselträger der Hinterhand in Frage, eher seltener die der Vorhand.

Bei allen Pferden zeigen sich meist im Vorfeld bereits Anzeichen für Schwierigkeiten mit dem Galopp. Zur völligen Verweigerung kommt es erst, wenn die Sehne/das Gelenk so kaputt oder entzündet ist, dass das Pferd meistens auch schon lahm ist. Wir erinnern uns an die Besonderheit des Pferdes, Schmerzen möglichst versteckt zu halten. Bereits auf kleine Anzeichen zu achten ist daher wirklich von großer Bedeutung und kann schwerere Verletzungen verhindern.

Auch Verspannungen in den vorhin angesprochenen Muskeln semitendinosus und semimembranosus können den Galopp für das Pferd unangenehm werden lassen, wobei die meisten Pferde dann schlicht den Galoppsprung flacher und kürzer machen.

Eine weitere, weniger schlimme Ursache für die komplette Verweigerung des Galoppierens kann eine Blockierung des Erbsenbeines sein. Ist dieses fest, bekommen die Pferde nicht nur Schwierigkeiten in den Trabverstärkungen, hier wird dann ein Bein höher gehoben als das andere, sondern sie wollen auch nicht mehr galoppieren. (Vielleicht erinnern Sie sich an meine Schilderung einer solchen Erfahrung im ersten Teil von „Zusammenhänge im Pferd".)

Und dann haben wir noch eine Besonderheit, bei der die Pferde auch nicht galoppieren möchten, dies aber in der Regel durch heftiges Blockieren zeigen. Solche Pferde bleiben stehen sobald die Galopphilfe kommt, rennen rückwärts, lassen sich nicht mehr von der Stelle bewegen, manche beginnen zu steigen, kurz: die Pferde blockieren komplett. In diesen Fällen liegt tatsächlich in den meisten Fällen eine massive Bewegungseinschränkung im Widerrist zugrunde, im besten Fall aufgrund einer Blockierung der ersten Brustwirbel oder ihrer Dornfortsätze, im schlechtesten Fall aufgrund einer Engstellung der Dornfortsätze (kissing spines). Fast so häufig wie der Widerrist sind bei diesem Verhalten die restlichen Brustwirbel (nach dem Widerrist bis zum Th 18) betroffen, auch hier gilt: bestenfalls durch Blockaden, zum Beispiel bei vorliegenden Magenerkrankungen, schlechtestenfalls durch kissing spines und/oder degenerative oder entzündliche Erkrankungen der Brustwirbelsäule. Eine rein muskuläre Ursache habe ich bei diesem besonderen Verhalten noch nie gesehen.

Es ist also dringend anzuraten, in solchen Fällen IMMER ein Röntgen der Wirbelsäule durchzuführen.

9. Kapitel

Der Trageapparat des Pferdes

Der Trageapparat des Pferdes hat in letzter Zeit eine gewisse Berühmtheit in Reiterkreisen gewonnen, weil immer mal wieder über die sogenannte „Erschöpfung" der Tragemuskulatur gesprochen wurde. Gemeint ist damit ein Absinken des Widerrists durch Dysfunktionen (meist Ermüdung durch Fehlbelastung) jener Muskeln, die die Vorderbeine des Pferdes am Brustkorb befestigen und den Rumpf zwischen selbigen aufhängen. Wird eine Störung der Muskeln des Trageapparates nicht erkannt und behoben, kann dies zu schwerwiegenden Störungen des Bewegungsapparates und schließlich zur Unreitbarkeit des Pferdes führen.

Nun ist dies aber durchaus kein neues Phänomen, sondern schon immer die Folge mangelhafter oder falscher Ausbildung und Gymnastizierung des Pferdes.
Die Gymnastizierung des Pferdes nach den alten Regeln der Reiterei wurde erdacht, um unter anderem genau diese Fehl- und Überbelastung der Muskulatur und damit ein Absinken des Pferderückens zu verhindern.
Denn egal was für Modeworte darum herum durch das Internet geistern: Eine Ermüdung der Tragemuskulatur des Pferdes ist nichts anderes, als das Resultat falschen Reitens.
Die in den alten Richtlinien immer wieder im Vordergrund stehenden Ermahnungen, jede Einwirkung auf Kopf und Hals des Pferdes so weit wie irgend möglich zu vermeiden, sprich: auf gar keinen Fall eine Beizäumung erzwingen zu wollen, sondern mit

Geschick und Geduld zu erreichen, dass das Pferd sich ausbalanciert und mit den Nüstern als vorderstem Punkt von selbst an den Zügel herandehnt, zielt ebenso darauf ab, wie das *abwechslungsreiche* Training: auf unebenem Boden im Gelände, über Sprünge und das Reiten bestimmter Übungen in der Reitbahn.

Die Ermüdung der Strukturen des Trageapparates ist, genau wie fast alle Dysfunktionen und Erkrankungen im Körper des Pferdes, in den allermeisten Fällen eine Folge der Vernachlässigung dieser Arbeit.

Was vielen Reitern glaube ich überhaupt nicht bewusst ist, ist, dass 1. der Trageapparat des Pferdes durchaus nicht nur aus den „Rumpfträgern" besteht, also jenen Muskeln, die den Rumpf zwischen den Vorderbeinen aufhängen, sondern auch aus den „Gliedmaßenträgern", also jenen Muskeln, welche die Vorderbeine am Brustkorb befestigen.

Und 2.: dass es sich weder bei der einen, noch bei der anderen Muskelgruppe um lokale, kurze Muskeln handelt, die keine anderen Aufgaben und Verbindungen haben, als die Befestigung der Vorderbeine und das Halten des Rumpfes.

Ich denke es hilft falsche Einwirkung auf das Pferd zu vermeiden, wenn man folgendes weiß:

1: Die Vorderbeine des Pferdes sind durchaus nicht nur am Brustkorb befestigt, sondern auch am Nacken-Rückenband, am Nackenstrang, in der Brust-Lendenfaszie (bis auf Höhe des letzten Lendenwirbels, also quasi auf der gesamten Länge des Rückens) und an der Halswirbelsäule aufgehängt.

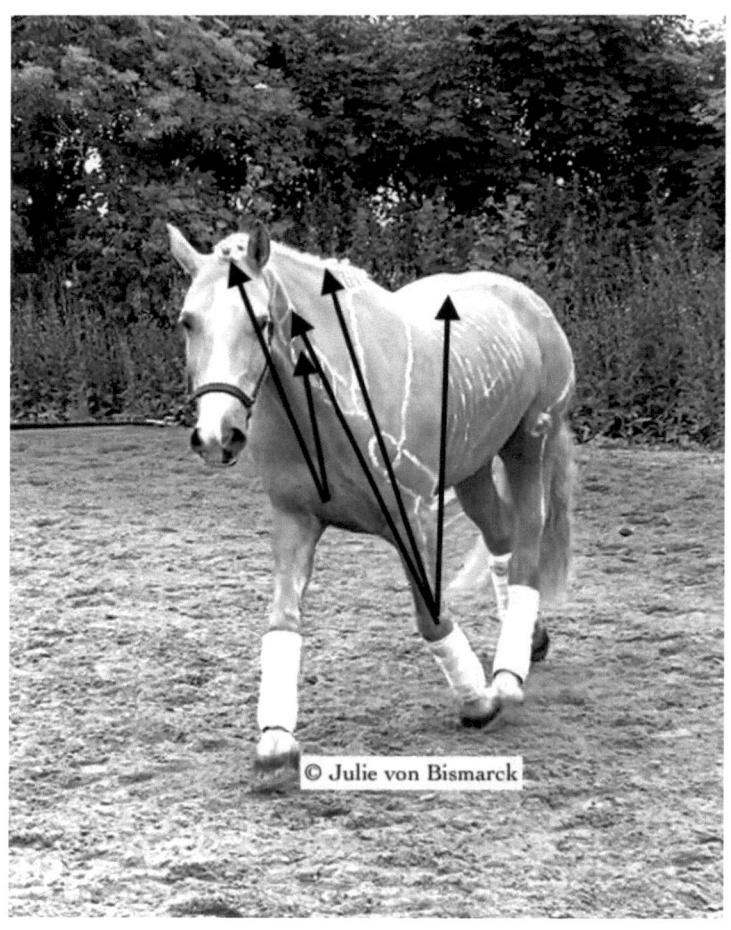

© Julie von Bismarck

Das Vorderbein und der Rumpf des Pferdes sind unter anderem auch am Nackenband (und Nackenstrang), an der Halswirbelsäule, am Rückenband, am Schädel und in der Brust-Lendenfaszie befestigt.

Es ist also einleuchtend, dass jedes Reiten in einer engen Halshaltung und jedes Reiten ohne Rücken auch den Strukturen des Trageapparates schadet.

Drei von vier Muskeln aus der Gruppe der sogenannten „Gliedmaßenträger" (jener Muskeln, die die Vorderbeine am Brustkorb halten) sind mit dem Nackenstrang / Nackenband sowie mit dem Rückenband verwachsen, einer mit der Brust-Lendenfaszie und einer mit den Halswirbeln 2-4.

2: Der Rumpf des Pferdes hängt zwar wie in einer Hängematte aus Muskeln zwischen den Vorderbeinen, aber diese „Hängematte" ist unter anderem am Schädel und an der Halswirbelsäule des Pferdes befestigt:

Von 5 Muskeln, die den Rumpf zwischen den Vorderbeinen aufhängen, ist einer am Schädel des Pferdes angewachsen, einer am Unterkiefer und einer an den Halswirbeln 4-7.

Wenn man sich das einmal vor Augen führt, wird (hoffentlich) noch einmal deutlicher, weshalb jede übertriebene Einwirkung auf Kopf und Hals des Pferdes, jedes Zuschnüren des Pferdemaules und jedes Reiten ohne Rücken tunlichst unterlassen werden sollte.

Bei Pferden, die mit harter Hand, zu viel Druck auf dem Zügel, in einer engen/tiefen Halshaltung oder aber auch ohne jede Anlehnung mit in die Luft gerecktem Kopf, und *ohne Engagement der Bauchmuskulatur und der hinteren Verspannung* geritten werden, kommt es zu einer permanenten Über- und Fehlbelastung unter anderem eben dieser Tragemuskeln.
Ein solcher Muskel verharrt in Anspannung, bleibt also auch dann angespannt, wenn keine willentliche Kontraktion passiert.

Wie wir alle wissen, muss ein Muskel jedoch zwischen An- und Entspannung wechseln, um optimal zu funktionieren und sich aufzubauen:

Ein dauerhaft in Kontraktion verbleibender Muskel verliert irgendwann seine Kraft.

Wenn dies nun in der Muskulatur des Trageapparates passiert, können die Muskeln den Brustkorb nicht mehr zwischen den Vorderbeinen gespannt halten und er folgt der Schwerkraft, senkt sich also ab.

Andere Muskeln (insbesondere des Rückens und des Beckens) versuchen das zu kompensieren und den Rücken, sehr vereinfacht gesagt, oben zu halten, verbleiben ebenfalls in Anspannung, beginnen zu schmerzen (was weitere Schonhaltungen und Kompensation erfordert) und können ihre Aufgabe schließlich auch nicht mehr erfüllen, da der Wechsel zwischen Kontraktion und neutraler/entspannter Position fehlt.

Sinkt der Rücken (Rumpf) schließlich ab, wird der Platz zwischen den Wirbelkörpern und zwischen den Dornfortsätzen enger. Schmerz entsteht und weitere natürliche Funktionen werden außer Kraft gesetzt – unter anderem auch das bereits in Teil 1 besprochene Nacken-Rückenband, welches ja überdies (siehe oben) direkt mit einigen Muskeln aus der Gruppe der Gliedmaßenträger verbunden ist und auch für die Rumpfträger eine große Rolle spielt.

Für das Verständnis des Rumpftrageapparates ist eigentlich vor allem folgendes wichtig zu wissen:

Die Anatomie des Pferdes ist auf das Grasen mit lang gestrecktem Hals und offenem Genick sowie auf eine energiesparende Art der Fortbewegung und eine schnelle Flucht ausgerichtet.

Unter anderem deshalb gibt es zwischen den Vorderbeinen des Pferdes und dem Rumpf keinerlei knöcherne Verbindung.

Die Schulterblätter und Oberarme - und somit die Vorderbeine - werden einzig durch Muskeln am Körper gehalten und der Rumpf wiederum ist mit Hilfe einer anderen Gruppe von Muskeln zwischen den Vorderbeinen aufgehängt.

Das klingt vielleicht erst einmal ein bisschen unheimlich, hat aber einen sehr nachvollziehbaren Grund:

Bei einem Lauftier wie dem Pferd, welches auf ständige Bewegung ausgerichtet ist, ist eine solch federnde Aufhängung des Rumpfes zwischen den Vorderbeinen optimal geeignet, um Verschleiß und Ermüdung an Knochen und Gelenken zu vermeiden.

Diese Konstruktion aus flexiblen Bändern, Sehnen und Muskeln speichert Energie und ermöglicht die Bewegungen der Vorderbeine mit wenig Aufwand.

Dies ist ebenso für die langen Wanderungen im Schritt und das ständige, schrittweise Vorwärtsbewegen während des Grasens, als auch für streckenweises Traben oder die vielen Kilometer im Galopp, die ein Pferd eigentlich in seinem Leben zurücklegt, eine kluge Einrichtung

Auch die durchgehend auf der Vorhand lastenden etwa 60% des Körpergewichtes können von einer lebendigen, aktiven Tragestruktur besser getragen werden als von einem knöchernen System - mit für jede Art von Überlastung anfälligen Gelenken.

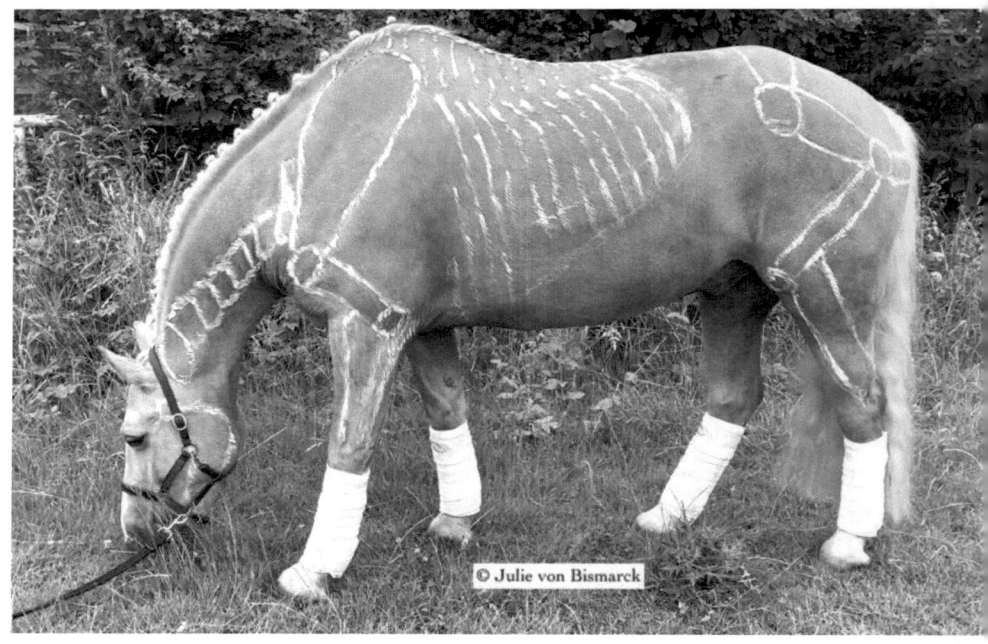

© Julie von Bismarck

Auf das Grasen und das damit verbundene langsame Schreiten sind die
Funktionen im Pferd am optimalsten ausgerichtet, da es (in Freiheit) die
meiste Zeit seines Lebens in dieser Haltung verbringt.

Das Wichtigste aber ist: diese Vorrichtung bietet ausreichend Flexibilität, um sowohl das den größten Teil des Tages einnehmende Grasen am Boden mit jeweils einem entlastend vorgestellten und einem voll belasteten Vorderbein verschleißfrei zu ermöglichen, als auch im Falle einer Flucht im Galopp umgehend bestmöglichen Raumgriff, Stoßdämpfung und blitzschnelle Anpassung an Bodenverhältnisse, Unebenheiten etc. zu gewährleisten.

Jede Art knöcherner Verbindung wäre hier hinderlich, starr und unflexibel und würde das Pferd anfällig machen für Erkrankungen und Verletzungen.

Muskeln und Sehnen sind durch ihre Dehnbarkeit und blitzschnelle Anpassungsfähigkeit in dieser Hinsicht deutlich robuster.

Beim Trageapparat handelt es sich um ein perfekt abgestimmtes Netz aus ganz unterschiedlichen Muskeln deren Verbindungen - wie schon besprochen - bis in den Kopf und in die Lenden des Pferdes hineinreichen.

Die Beweglichkeit der Schulter und der Vorderbeine ist sehr stark abhängig von dem Zustand der an dieser Befestigung beteiligten Muskulatur:

Ist sie positiv gespannt und locker, hat das Pferd den bestmöglichen Bewegungsspielraum und Raumgriff in der Vorhand.

Ist sie hingegen fest und verspannt, reduziert sich der Raumgriff, es kommt zu Spannungstritten oder Nähmaschinentrab, Bewegungsstörungen und Lahmheiten.

Im Normalfall sind die Strukturen des Trageapparates in genau der perfekten Spannung aufeinander abgestimmt: Genug um den Rumpf verlässlich zwischen den Vorderbeinen festzuhalten, beziehungsweise ein „Abfallen" der Vorderbeine zu verhindern, aber nicht so viel, dass die Flexibilität und die Stoßdämpfung eingeschränkt würden.

Durch uns Reiter kann sich dieses natürliche Gleichgewicht schnell verändern.
Während sich ein gesundes Pferd in freier Wildbahn 24 Stunden am Tag frei bewegt, die Strukturen seines Bewegungsapparates also optimal belastet und geschmeidig hält, stehen die meisten Reitpferde viele Stunden am Tag in einer Box. Das hat naturgemäß negative Folgen für *alle* Muskeln des Pferdes, sowie für seinen gesamten Organismus. Aber speziell auf den Trageapparat bezogen bedeutet dies:
In dem Moment, in dem das Pferd *nicht* mit gesenktem Kopf und den Nüstern als vorderstem Punkt langsam grasend über die Weide zieht, der konstante Wechsel zwischen Be- und Entlastung der Vorderbeine sowie das Vor- und Zurückführen der jeweiligen Gliedmaße fehlt und es nicht zu freiem Trab und Galopp kommt, können die an diesem Konstrukt beteiligten Muskeln nicht in ihrer optimalen und natürlichen Weise arbeiten.

Noch viel schlimmer wird dies dann durch die oben angesprochene fehlende Arbeit nach den alten Richtlinien der Reiterei, durch erzwungene Beizäumung, reiten mit engem Hals oder dadurch, zu früh zu viel von jungen Pferden zu verlangen.

Aber auch durch unpassende Sättel, unerkannte Blockierungen, zu schwere oder schlecht ausgebildete Reiter und oder eben schlicht das bereits erwähnte Reiten ohne Anspannung der Bauchmuskulatur und Engagement der sogenannten hinteren Verspannung können diese Strukturen geschädigt werden.

Wenn das Pferd gesund bleiben soll, muss es das Gewicht nämlich vor allem auf seinen unteren Rücken und von dort in das stabile Becken und die riesigen, kräftigen Muskeln der Hinterhand verlagern.

Dies geschieht unter anderem auch über die Rücken-Lendenfaszie, welche den Rücken des Pferdes wie ein breites Netz überzieht.

Man kann es sich so vorstellen, als würde der Pferderücken quasi aus der Hinterhand oder aus dem Becken heraus aufgespannt, wodurch das zusätzliche Reitergewicht dem Pferd nichts mehr anhaben kann.

Das geschieht aber nur, wenn die natürlichen Funktionsweisen des Pferdes erhalten bleiben und der Reiter so geschickt ist, dass er das Pferd ermuntern kann, seine Bauchmuskulatur zu nutzen, um eben diese Bewegung einzuleiten.

Ein junges Pferd wird tendenziell auf den Sattel und das Reitergewicht immer mit einem Herunterdrücken seines Rückens reagieren, um beidem zu entgehen.

Lernt es nun nicht, in Ruhe und mit positiven Erfahrungen verbunden, seinen Rücken wieder so anzuheben und zu nutzen, wie es dies vorher getan hat, ist schon alles verloren. Denn dann wird es den nächsten Schritt, der langfristig die Leistungsfähigkeit und Gesundheit gewährleistet, gar nicht erlernen können:

Seine Bauch- und innere Lendenmuskulatur zu nutzen, um das Gewicht auf die stabilen Muskelgruppen und großen Knochen des Beckens und der Hinterhand zu verlagern.

Dies gilt übrigens für Pferd *und* Reiter:
Reiter, deren Rumpfmuskulatur mangelhaft trainiert ist, können sehr leicht Verspannungen und somit Ermüdungserscheinungen in vielen Rückenmuskeln und mindestens einem wesentlichen Muskel des Trageapparates hervorrufen: und zwar im breiten Rückenmuskel.

Lassen Sie uns an dieser Stelle noch einmal einen Blick auf die Funktionsweise von Muskeln werfen, um das Geschehen besser verstehen zu können:
Jeder Muskel des Bewegungsapparates hat einen Ursprung und einen Ansatz. Letzterer wird bei einer Kontraktion des Muskels in Richtung des Muskelursprungs bewegt. Das ist wichtig zu wissen, wenn man die Wirkmechanismen bestimmter Muskelgruppen verstehen möchte.
Muskeln können außerdem nicht nur an Knochen und Knorpel befestigt sein, sondern auch an Faszien und Bändern.
Die Muskeln des Bewegungsapparates arbeiten nicht alleine, sondern immer in Kombination mit einem sogenannten Gegenspieler.
Das ist wichtig, da sich die Muskeln lediglich zusammenziehen (kontrahieren) können, sich aber nicht selbstständig wieder in ihre neutrale/entspannte Ausgangslage zurückversetzen können.

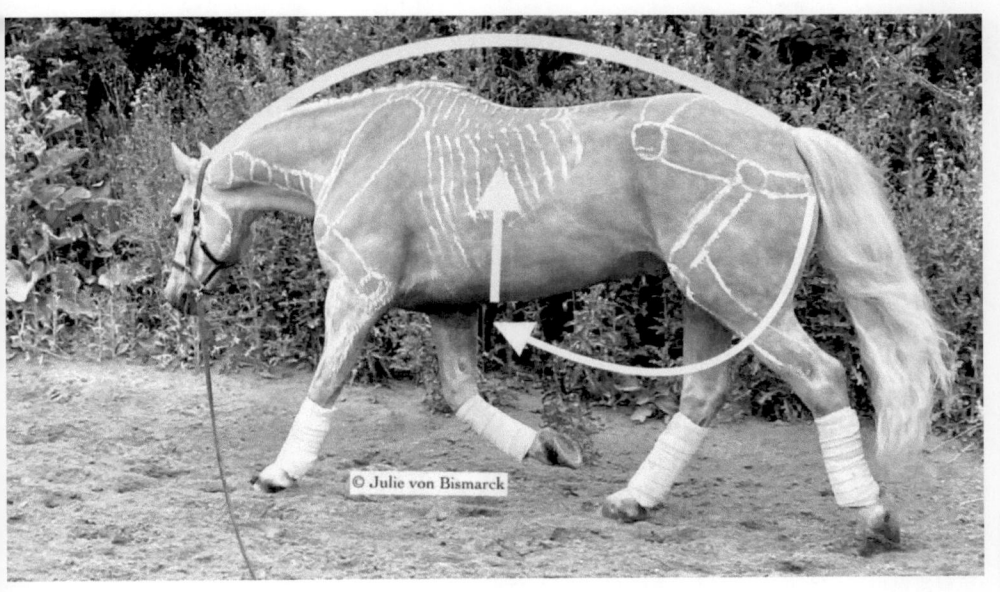

© Julie von Bismarck

Das Nacken-Rückenband sorgt - gemeinsam mit dem langen Rückenmuskel - beim korrekt ausgebildeten Pferd für einen tragfähigen Rücken und für die ungestörte Arbeit der Tragemuskulatur.

Dies zu erreichen ist das eigentliche Ziel der Gymnastizierung und Ausbildung des Pferdes, da es sonst bei jedem Reiten Schaden nimmt.

Dafür benötigen sie ihren Gegenspieler, der genau die entgegengesetzte Wirkung hat. Dieses Zusammenspiel ist also Voraussetzung für eine optimale Funktion der Muskeln, da es den Wechsel zwischen An- und Entspannung beziehungsweise maximaler Kontraktion und Dehnung garantiert.

Beispiel: Wenn der Bizeps sich zusammenzieht/anspannt, wird dadurch gleichzeitig der Trizeps entspannt. Wenn sich der Trizeps zusammenzieht/anspannt, bringt dies den Bizeps in seine neutrale Ausgangsposition zurück oder, je nach Stärke der Kontraktion des Trizeps, gar in eine Dehnung hinein.

(Eine mögliche Dehnung ist immer abhängig von der lokalen Topographie – häufig lassen Gelenke in der Gegend der Muskeln dies gar nicht in der Intensität zu.)

Manche Muskeln haben ausschließlich lateinische Namen, die für einen normalen Reiter und Pferdebesitzer ungefähr so aussagekräftig sind, wie frei erfundene Phantasiewörter. Das trägt dazu bei, dass ihr Studium für viele Reiter ungefähr so anziehend wirkt, wie ein Besuch beim Zahnarzt.

Ich habe daher beschlossen, den davon betroffenen Muskeln des Trageapparates auch deutsche Namen zu geben.

Lassen Sie uns die am Trageapparat beteiligten Muskeln nun einmal im Einzelnen ansehen, um besser verstehen zu können was es mit einer Dysfunktion, beziehungsweise Schwäche, dieses Systems eigentlich auf sich hat.

Beginnen wir mit der Muskelgruppe des Trageapparates, die die Vorderbeine des Pferdes mit dem Brustkorb verbindet, den sogennanten „Gliedmaßenträgern".

Diese Aufgabe wird im Wesentlichen von vier Muskeln übernommen, ohne die die Vorderbeine schlicht abfallen würden und die darüber hinaus, nachvollziehbarer Weise, für die Beweglichkeit und den Raumgriff der Vorhand mitbestimmend sind.

Von diesen vier Muskeln sind drei direkt mit dem Nacken-Rückenband (Nackenstrang) verbunden und einer reicht von der Schulter bis zum zweiten Halswirbel des Pferdes.

Die Vorderbeine des Pferdes sind also gewissermaßen auch am Nacken-Rückenband und an der Halswirbelsäule befestigt und es gibt auch hier eine Wechselwirkung.

Aber der Reihe nach.

Alle vier Muskeln haben eines gemeinsam: sie sind sehr leicht von uns Reitern zu stören, wodurch sie verspannen und in ihrer für den natürlichen Bewegungsablauf vorgesehenen Dehnbarkeit eingeschränkt werden.

Wie wir bereits gelernt haben bedeutet das nicht nur, dass unser Pferd eben wie ein Shetlandpony läuft und wir damit leben, dass „der halt nicht so viel Gang hat", sondern es bedeutet Schmerzen, Kompensation, Fehl- und Überbelastung für unser Pferd.

Der Trapezmuskel

Der erste Muskel in der Gruppe zur Aufhängung der Vorderbeine ist der Musculus trapezius, zu deutsch **Trapezmuskel.** Es handelt sich um einen sehr dünnen, sehnigen Muskel der genau genommen aus zwei Teilen besteht:

Einem vorderen Teil, der im Nackenstrang ab der Höhe des 2. Halswirbels seinen Ursprung hat, und einem hinteren Teil, der aus dem Rückenband auf Höhe des 1. bis 10. Brustwirbels entspringt, also genau über dem Widerrist und kurz dahinter (je nach Pferd). Der Ansatz beider Teile liegt außen am Schulterblatt des Pferdes. Hauptaufgabe dieses Muskels ist das Befestigen des Schulterblattes am Rumpf.

Nun ist das aber nicht die einzige Arbeit, die der Trapezius ausführt, wir erinnern uns: der Ansatz bewegt sich Richtung Ursprung.

Das bedeutet also, der Trapezmuskel zieht das Schulterblatt auch nach oben und in Richtung Nackenstrang/Hals.

Wissen Sie noch was passiert, wenn sich das Schulterblatt nach vorne bewegt?

Das Vorderbein wird zurückgeführt, befindet sich also in der sogenannten Stützbeinphase, in der es sich erst versteift und dann vom Boden abdrückt, um das Pferd für die Fortbewegung nach vorne zu schieben.

Das ebenfalls durch den Trapezmuskel hervorgerufene nach oben Ziehen des Schulterblattes leitet das Abfußen ein.

Der Trapezmuskel hat also nicht nur den Job das Vorderbein am Körper zu halten, sondern auch einen (wenn auch kleinen) Anteil an der Vorwärtsbewegung des Pferdes.

Merke: Bei einem schwachen oder in seiner Funktion gestörten Trapezmuskel kommt es häufig zu einer Lahmheit, bei der die Stützbeinphase eines oder beider Vorderbeine verlängert ist.
Der Trapezmuskel kann seine Aufgabe, das Schulterblatt hochzuziehen und nach vorne zu bringen nicht mehr erfüllen, das Pferd führt das Bein dementsprechend flach und kurz und lässt es lange am Boden.
Pferde mit einer Schwäche oder Dysfunktion des Trapezmuskels neigen zum „Greifen", da das Vorderbein noch nicht abgefußt hat, wenn das Hinterbein schon nach vorne geschwungen ist und aufsetzt.

Da der vordere Teil des Trapezmuskels aus dem Nackenstrang entspringt, wird er durch jedes Reiten oder Longieren in enger/tiefer Halshaltung unter negative Spannung gebracht.
Sie können sich das so vorstellen:
In seiner sogenannten neutralen Position ist ein Muskel entspannt und befindet sich in seiner normalen Länge.
Kontrahiert er sich, verkürzt sich diese Länge durch das Zusammenziehen der Muskelfasern. Ein entspannter Muskel in normaler, neutraler Ausgangsposition kann sich also mit dem geringsten Aufwand und dem wenigsten Energieverbrauch zusammenziehen = arbeiten.

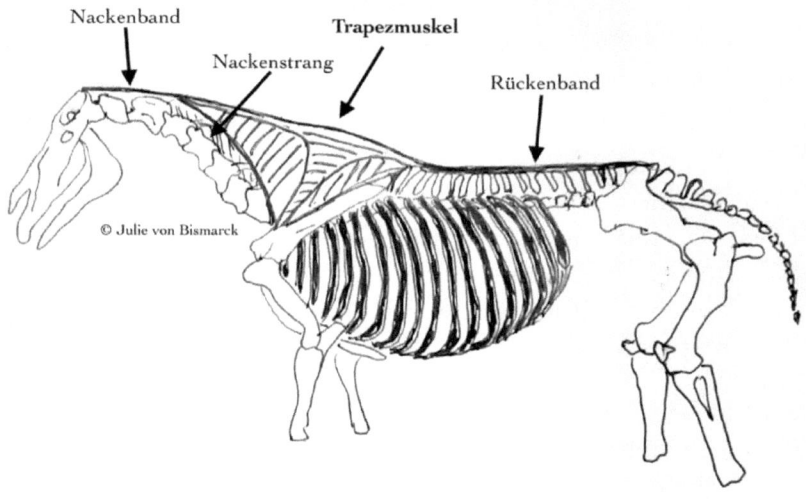

Der Trapezmuskel ist mit dem Nackenstrang und dem Rückenband verwachsen. Seine Funktion hängt daher immer auch von der des Nackenstranges und des Rückenbandes ab. Eine Verspannung des Trapezmuskels kann anders herum die Funktion des Nackenstranges und des Rückenbandes beeinträchtigen.

Wird ein Muskel nun aber über diese neutrale Position hinaus gedehnt, zum Beispiel dadurch, dass wir dem Pferd die Nase auf die Brust ziehen, kann sich dieser Muskel nur unter erheblichem Aufwand kontrahieren, um seiner Aufgabe nachzukommen – wenn denn überhaupt.

Um bei dem Beispiel zu bleiben: ein Reiter zieht einem Pferd die Nase zur Brust, wodurch das Nackenband, der Nackenstrang und der Trapezmuskel überdehnt werden. Ein gedehnter Muskel kann sich nicht gleichzeitig kontrahieren, er kann also seiner Aufgabe nicht nachkommen.

Da es sich im Falle des Trapezmuskels eher um einen Haltemuskel als um einen Bewegungsmuskel handelt sind die Auswirkungen weniger extrem als bei anderen Muskeln, es fällt deswegen nicht gleich das Vorderbein ab und auch die Fortbewegung ist weiter gewährleistet – aber nur, weil andere Muskeln und Strukturen für den außer Kraft gesetzten Muskel kompensieren.

Wie Sie sich unschwer vorstellen können, versucht der Muskel zudem permanent gegen die Dehnung anzuarbeiten – das Pferd wird ja weiter vorwärts geritten, der Muskel ist am Abfußen und Vorführen der Vorderbeine beteiligt, also versucht er mit maximaler Gegenspannung, diese Aufgaben zu erfüllen.

Dass dies zu einer Ermüdung, Schwäche und Dysfunktionen führt, ist also keine Überraschung.

Ein reiten/longieren mit engem Hals und engem Ganaschenwinkel könnte aber noch eine weitere negative Auswirkung auf den Trapezmuskel haben:
Der Nerv, der für die Versorgung und Funktion dieses Muskels zuständig ist, der XI. Hirnnerv, entspringt aus

dem Rückenmark, tritt gemeinsam mit anderen Hirnnerven unterhalb des Ohres aus dem Schädel aus und läuft am Hals entlang Richtung Körper.

Es ist anzunehmen, dass ein enger Ganaschenwinkel durch den verringerten Platz zwischen Unterkiefer und Hals sowie die Anspannung der umliegenden Muskulatur, Druck auf diese dort austretenden Nerven ausübt - was zu Störungen in der Nervenleitung führen kann. In diesem Fall könnten Fehlfunktionen in den Fasern des Trapezmuskels die Folge sein.

Abgesehen von einem Reiten/Longieren des Pferdes in dieser Art der Hyperflexion wird die Funktion des Trapezmuskels vor allem durch eine eingeschränkte Wirkung des Nacken-Rückenbandes gestört, also immer dann, wenn der Reiter nicht auf ein regelmäßiges und korrektes vorwärts abwärts Reiten achtet (unter Engagement der Bauchmuskeln und der hinteren Verspannung!), das Pferd keinen freien Weidegang hat und/oder Hals-, Rücken- oder Widerristblockaden vorliegen.

Ebenfalls kann eine Blockierung der Schulter in Flexion die Funktion des Trapezmuskels beeinträchtigen. Das Schulterblatt ist in so einem Fall hinten-unten festgestellt und kann dem Zug des Trapezmuskels nach vorne und oben nicht nachkommen.

In der Folge versucht es der Muskel erst einmal mit mehr Spannung, bleibt schließlich dauerhaft verspannt und ermüdet.

Merke: Entgegen der allgemeinen Annahme ist eine Kuhle in Höhe der Kopfeisen des Sattels *kein* Zeichen für eine Atrophie des Trapezmuskels - eine solche würde man gar nicht sehen, dafür ist der Muskel viel zu sehnig und zu flach. Es ist allerdings ein Zeichen für eine fehlende Aufwölbung des Widerrists und Rückens durch Engagement der Bauch- und Lendenmuskeln und der oberen Verspannung.

Der Rautenmuskel

Der sogenannte Rautenmuskel (Musculus rhomboideus) verbindet das Schulterblatt, und somit das Vorderbein, mit dem Nacken-Rückenband.

Wenn das Bein abgestellt ist, hält er es fest, wenn es in der Luft ist, unterstützt er das Anheben und nach vorne führen. Man kann aber sehr schön sehen, dass seine Funktion im Halteapparat der Gliedmaßenträger seine Hauptaufgabe darstellt, da er bei belastetem Bein besonders hervortritt.

Der Rautenmuskel entspringt mit seinem vorderen Anteil aus dem Nackenband (nicht aus dem Nacken*strang* wie sein Vorgänger) und mit seinem hinteren Teil, wie auch der Trapezmuskel, aus dem Rückenband. Beide Teile setzen am Schulterblattknorpel an.

Sein vorderer Teil ist mit für das Anheben des Kopfes zuständig, der Brustteil bewegt das Schulterblatt nach oben und vorne.

Aufgrund seiner Verbindung mit dem Nacken-Rückenband ist er ebenso vor allem vom Reiten in enger, tiefer Halshaltung, Reiten mit weggedrücktem Rücken und in diesem Fall auch hoch erhobenem Kopf, sowie mangelnder Gymnastizierung negativ betroffen.

Wenn Sie sich ohne Sattel auf Ihr Pferd setzen, können Sie hervorragend beobachten wie Trapez- und Rautenmuskel das Vorderbein befestigen.

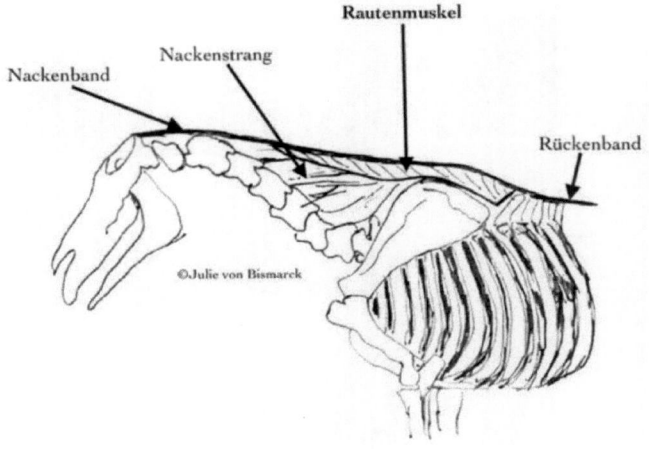

Der Rautenmuskel entspringt mit seinem vorderen Anteil aus dem Nackenband und mit seinem hinteren Anteil aus dem Rückenband. Wie schon beim Trapezmuskel beeinflussen sich seine Funktion und die des Nacken-Rückenbandes daher gegenseitig.

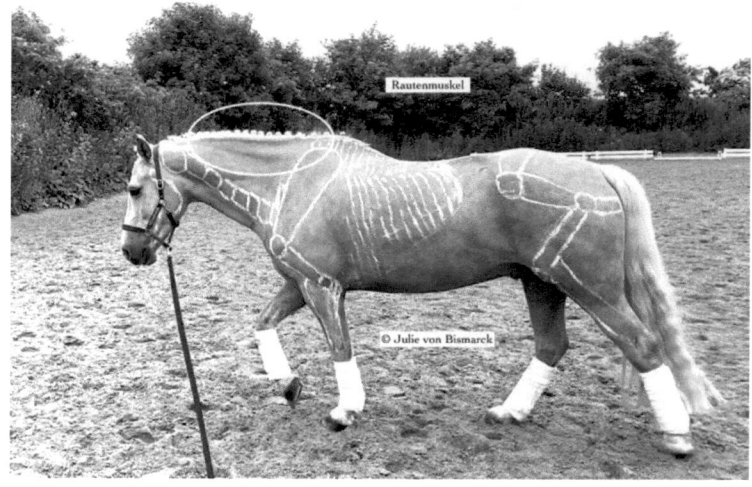

Der Rautenmuskel gehört zu den sogenannten Gliedmaßenträgern, fixiert also das Vorderbein am Körper. In diesem Fall: Am Nacken-Rückenband. Beim lasttragenden Bein sieht man ihn deutlich hervortreten.

Der breite Rückenmuskel

Der dritte im Bunde ist einer der für uns Reiter interessantesten Muskeln. Erstens, weil wir ihn innerhalb von Minuten dauerhaft verspannen können und zweitens, weil mit einem festen breiten Rückenmuskel (Musculus latissimus dorsi) keinerlei Losgelassenheit zu erreichen ist und auch kein Reiten in reellem vorwärts-abwärts.

Der breite Rückenmuskel entspringt aus der Brust-Lenden-Faszie und aus dem Rückenband (zwischen dem 3. Brustwirbel und dem 6. Lendenwirbel).

Sein Ansatz liegt in zwei Muskeln auf der Innenseite des Schultergelenks.

Der breite Rückenmuskel verbindet also fast den gesamten Rücken und die Lendenpartie des Pferdes mit der Schulter.

Seine Hauptaufgabe ist, neben der Befestigung des Vorderbeines am Körper, die Beugung des Buggelenks (Schultergelenks) wodurch das Vorderbein zurückgeführt wird. Sobald das Bein abgestellt ist, in der sogenannten Stützbeinphase, zieht der breite Rückenmuskel den Rumpf nach vorne, indem er seinen Ansatz in den Muskeln auf der Innenseite des Schultergelenks Richtung Rücken/Lende zieht.

Damit hat er erheblichen Einfluss auf die Vorwärtsbewegung des Pferdes, die Lockerheit oder Festgehaltenheit des Rückens sowie den Raumgriff der Vorhand. (Sie erinnern sich an das Kapitel über den Schritt, in welchem wir diese Funktion bereits besprachen.)

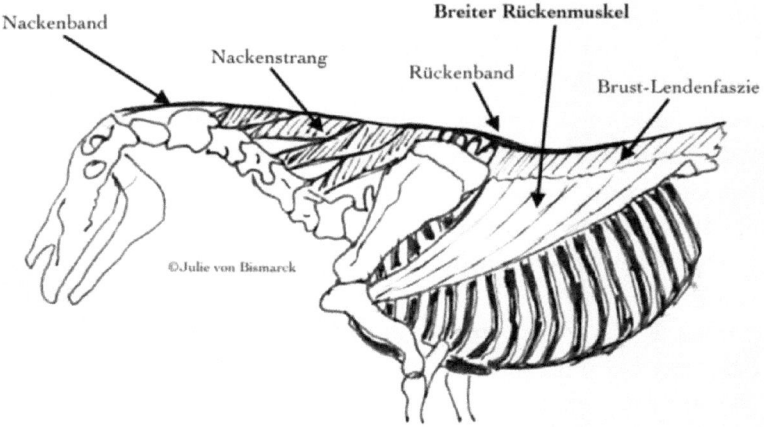

Nackenband

Nackenstrang

Breiter Rückenmuskel

Rückenband

Brust-Lendenfaszie

©Julie von Bismarck

Der breite Rückenmuskel ist sehr leicht von uns Reitern zu beeinflussen, da wir auf ihm Platz nehmen, aber auch weil wir ihn in seiner Funktion stören, sobald wir ein Aufspannen des Nacken-Rückenbandes dauerhaft blockieren. Die optimale Beweglichkeit des breiten Rückenmuskels ist bestimmend für den Bewegungsablauf des Pferdes in allen Gangarten. Auch er gehört zu den Gliedmaßenträgern und verbindet das Vorderbein mit dem Rücken.

Eine weitere wichtige Besonderheit ist seine Aufgabe als Gegenspieler des sogenannten Arm-Kopf-Muskels, dem wichtigsten Vorführer des Vorderbeines, den wir im Kapitel zum Schritt ebenfalls schon angesprochen haben und zu dem wir gleich noch einmal kommen werden.

An dieser Stelle sei jedoch schon einmal gesagt, dass, wenn der breite Rückenmuskel seiner Aufgabe als Gegenspieler des Arm-Kopf-Muskels nicht nachkommen kann, letzterer in Kontraktion verbleibt.

(Wir erinnern uns: Der Muskel kann sich selbstständig zusammenziehen, also anspannen, aber nicht selbstständig wieder in seine Ausgangsposition zurückkehren. Dies übernimmt der sogenannte Antagonist, der Gegenspieler.)

Im Falle des Arm-Kopf-Muskels bedeutet das unter anderem, dass einer der Muskeln des *Rumpftrageapparates* ermüdet und nach und nach schwächer wird, denn er ist einer der Muskeln, die den Brustkorb zwischen den Vorderbeinen halten.

Der breite Rückenmuskel hat außerdem eine Verbindung zu den bereits besprochenen Verspannungen des Überganges zwischen Hals und Rumpf, denn er wird von einem Nerv aus dem Plexus brachialis versorgt, dem Nervus thoracodorsalis.

Wie wir gelernt haben kann die Reizleitung in den Nerven des Plexus brachialis durch Verspannungen der lokalen Muskulatur gestört werden und in der Folge auch die Funktion des breiten Rückenmuskels.

Merke: Ein festgehaltener Rücken kann seine Ursache durchaus in einer Blockierung der unteren

Halswirbelsäule haben oder in einer Verspannung der Hals-Schulter-Muskulatur.

Und eine Verkürzung der Vorführphase und/oder Verringerung des Raumgriffs in der Vorhand kann auf einen hypertonen breiten Rückenmuskel zurückzuführen sein.

Die häufigste Ursache für einen verspannten/festen breiten Rückenmuskel ist falsches Training/Reiten, direkt gefolgt von zu schweren Reitern und solchen mit mangelhafter Rumpfmuskulatur, unpassenden Sätteln und zu fester Gurtung.

Wir hatten die mangelnde Rumpfmuskulatur des Reiters vorhin kurz angesprochen: dieser Muskel ist der, der am schnellsten und sehr nachhaltig davon betroffen ist.

Jedes unbalancierte oder zu schwere Einsitzen durch mangelhaft stabile Rumpfmuskulatur des Reiters oder einen daraus resultierenden festgehaltenen, unflexiblen Sitz, versetzt den breiten Rückenmuskel in eine Abwehr- und Gegenspannung.

Dieser Muskel ist daher einer der besten Signalgeber für die tatsächliche Losgelassenheit des Pferdes.

Nur wenn der Muskel optimal zwischen An- und Entspannung wechseln kann, was, durch seine Zusammenarbeit mit dem Arm-Kopf-Muskel bei jedem Schritt, Tritt und Sprung geschieht, kann das Pferd seinen Rücken und sich selbst loslassen.

Daraus folgt übrigens ein weiterer Grund dafür, warum in LDR/Rollkur gerittene Pferde **nicht** losgelassen gehen können, das nur nebenbei bemerkt.

Die optimale Funktion des breiten Rückenmuskels kann außerdem durch eine Blockierung der Schulter in

Extension gestört werden, da er für die dann beeinträchtigte Beugung des Schultergelenks zuständig ist und – wie jeder Muskel – versuchen wird, gegen den vermehrten Widerstand mit erhöhter Spannung anzugehen.

Ein Reiten in enger Halshaltung führt ebenfalls zu einem Verbleiben in Anspannung des breiten Rückenmuskels. Und zwar, weil von dieser Haltung der Arm-Kopf-Muskel direkt betroffen ist, welcher dann seiner Funktion als Gegenspieler des breiten Rückenmuskels nicht nachkommen und ihn somit nicht in seine Ausgangssituation = die Entspannung = die neutrale Postition zurückversetzen kann.

Wie gesagt, der Muskel reicht vom Schultergelenk bis in die hintere Lendenpartie - unterschätzen wir eine Einschränkung seiner Dehnungsfähigkeit durch anhaltende Kontraktion also besser nicht.

Wenn der breite Rückenmuskel verspannt, sehen wir häufig folgende Veränderungen: Die Vorhand wird festgehalten, ergo der Raumgriff der Vorderbeine verkürzt sich (dies oft auch nur einseitig auf der betroffenen Seite), ebenso wie die Vorführphase.

Reitet der Reiter darüber hinweg, kommt es zu den berühmten Spannungstritten.

Diese sind eine Folge der Kompensation des Bewegungsverlustes im breiten Rückenmuskel selbst und des Ausfalls seiner Funktion als Gegenspieler des Arm-Kopf-Muskels.

Sehr vereinfacht gesagt: Das Pferd versucht den Bewegungsverlust unter anderem über das Ellbogengelenk auszugleichen und der Arm-Kopf-Muskel ändert seine Funktion von einem weit und locker nach vorne bringen des Vorderbeines in ein Hochziehen des Vorderbeines. Es kommt zu unnatürlichen Bewegungsabläufen wie sie häufig in internationalen Dressurprüfungen oder auf den Abreiteplätzen derselben zu sehen sind.

Da die Muskulatur für diese Art der Beanspruchung überhaupt nicht ausgelegt ist und hier der natürliche Bewegungsablauf des Pferdes massiv gestört wird, kommt es bei anhaltender Belastung in dieser Art letztlich zu einer Erschöpfung des Trageapparates, Erkrankungen/Dysfunktionen der Strukturen des Ellbogens und des Unterarmes (hier besonders des Carpalgelenkes und Erbsenbeines) sowie der diagonalen Hüfte und des diagonalen Knies. (Letztere zwei nachzulesen in Zusammenhänge siehe Teil 1.)

Merke: Wiederkehrende Blockierungen der Schulter, des Ellbogens und des Erbsenbeines können ihren Ursprung in einer Verspannung des breiten Rückenmuskels haben.

Aber auch die Funktion des Nacken-Rückenbandes kann hier wie erwähnt eine Rolle spielen. Wir erinnern uns: der Muskel entspringt aus dem Rückenband und der Brust-Lendenfaszie, die ebenfalls mit dem Rückenband verbunden ist. Das Rückenband wiederum geht am Widerrist in das Nackenband über und sein Zug reicht vom Kreuzbein bis zum Hinterhauptsbein.

Pferde mit einem festen breiten Rückenmuskel haben daher oft große Schwierigkeiten den Hals reell vorwärts-abwärts zu strecken, da der verspannte Muskel auch das Aufspannen des Nacken-Rückenbandes beeinträchtigt.

Häufigste Auslöser für Verspannungen im breiten Rückenmuskel:

Zu viel Zug auf dem Zügel, harte Hand, scharfe Gebisse, meist verbunden mit einer Haltung, in der die Ohren des Pferdes den vordersten Punkt bilden und nicht die Nüstern. Zu schwere Reiter, fehlende Fitness - besonders fehlende Rumpfmuskulatur - des Reiter, unpassende Sättel, zu festes Gurten.
Ebenso ist ein Reiten mit hoch getragenem Pferdekopf dem breiten Rückenmuskel abträglich, sowie jedes Reiten auf weggedrücktem Rücken und mit hinten herauslaufender Hinterhand. Dies sowohl bei mit viel Druck gerittenen Pferden als auch bei Pferden, die ohne jede Anlehnung geritten werden.

Auch dieser Muskel leidet also, wenn ein aufgespannter Rücken unter engagierter Bauchmuskulatur und arbeitender hinterer Verspannung von uns Reitern gestört oder unterbunden wird.

Der Schulter-Hals-Muskel

Der letzte in der Reihe der vier „Vorderbein am Rumpf Fixierer" ist der Schulter-Hals-Muskel (Musculus omotransversarius).

Er entspringt in der Schulterfaszie und setzt kurz unterhalb des Atlasflügels an den Querfortsätzen des 2. bis 4. Halswirbels an.

Wie wir gelernt haben wird bei Anspannung eines Muskels der Ansatz in Richtung Ursprung bewegt, das heißt die obere Halspartie wird in diesem Fall in Richtung Schulter gezogen. Aus dieser Bewegung folgt sowohl das Vorführen des seitengleichen Vorderbeines, als auch, je nach Grad der Anspannung, eine Seitwärtsbiegung des Halses.

Für die Funktion dieses Muskels bedeutet das: wenn wir unser Pferd mit harter Hand reiten und im Hals so einstellen, dass die Nüstern nicht mehr den vordersten Punkt des Pferdes bilden und somit die natürlichen Bewegungen nicht mehr stattfinden können, dann schränken wir mit dieser Handlung auch die Beweglichkeit der Schulter ein.

Der Schulter-Hals-Muskel ist aber durchaus kein Einzelkämpfer, sondern mit zwei weiteren Muskeln direkt verbunden: Zum einen mit dem bereits besprochenen Trapezmuskel, zum anderen ist er mit dem oberen Rand des sogenannten Musculus cleidomastoideus verwachsen und dieser wiederum schließt sich mit dem Schulter-Zungenbein-Muskel zusammen, über den wir in Teil 1 schon so ausführlich gesprochen haben. Den Musculus cleidomastoideus wollen wir einmal „Muskel der von der Schulter bis zum

Schläfenbein reicht" nennen, denn das ist genau das, was er tut.

Wie Sie sehen reichen die Verbindungen unseres „Schulter-Hals-Muskels" also durchaus nicht nur bis in den Hals, sondern buchstäblich bis in den Kopf des Pferdes hinein.

Der „Muskel der von der Schulter bis zum Schläfenbein reicht" ist außerdem Teil des bereits angesprochenen Arm-Kopf-Muskels.

Somit ist der Schulter-Hals-Muskel nicht nur an der Fixierung der Vorderbeine am Brustkorb, sondern zu einem kleinen Teil auch am Rumpftrageapparates des Pferdes beteiligt.

Schulter-Hals-Muskel

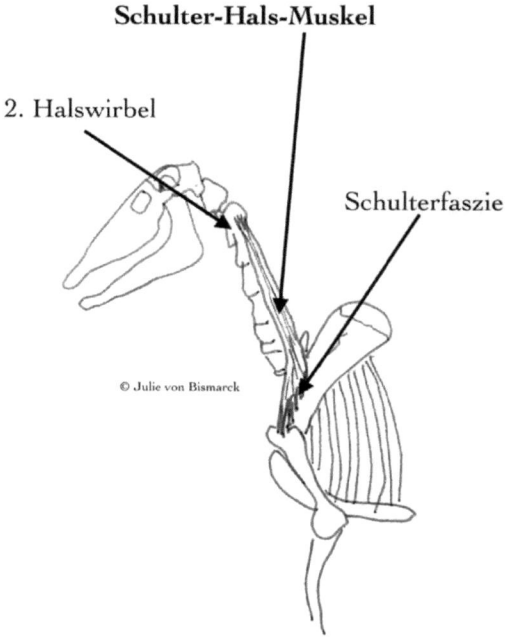

2. Halswirbel

Schulterfaszie

© Julie von Bismarck

Der letzte Gliedmaßenträger verbindet das Vorderbein mit der Halswirbelsäule.

Die Muskeln des Rumpftrageapparates

Der Arm-Kopf-Muskel

Beginnen wir mit dem berühmten Arm-Kopf-Muskel (Musculus brachiocephalicus).

Er wird den meisten Lesern in Verbindung mit der unerwünschten Ausbildung eines Unterhalses bekannt sein.

Der Muskel (eine Zusammenfassung verschiedener Muskeln) reicht vom Schläfenbein des Pferdes bis zum Oberarm und wird (wie der Trapezmuskel) durch den 11. Hirnnerven innerviert. Auch hier kann also eine Beengung oder Einquetschung des Nervs durch das Herbeiführen eines engen Ganaschenwinkels zu Funktionsstörungen im Muskel führen.

Der Arm-Kopfmuskel ist der stärkste Vorwärtsführer der Vorderbeine und außerdem erheblich an der Stützbeinphase beteiligt. Einige seiner Anteile ziehen zusätzlich den Kopf nach unten und biegen den Hals seitwärts.

Er ist maßgeblich am Raumgriff der Vorderbeine beteiligt: Je natürlicher und freier er sich bewegen kann, desto weiter greift das Vorderbein vor.

Dies ist immer dann der Fall, wenn der Widerrist aufgespannt ist und die Nüstern den vordersten Punkt des Pferdes bilden, also wenn das Pferd den Hals Richtung vorne unten lang macht und damit den Rücken aufspannt.

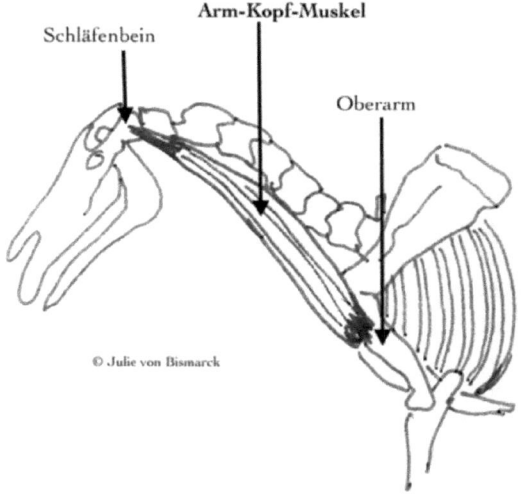

Schläfenbein **Arm-Kopf-Muskel** Oberarm

© Julie von Bismarck

Der Arm-Kopf-Muskel reicht vom Oberarm bis zum Schläfenbein und gehört zu den Muskeln des Rumpftrageapparates.

Sobald das Pferd in absoluter Aufrichtung geritten wird und/oder mit einem engen Ganaschenwinkel, ändert sich die Wirkung dieses Muskels:

Er bringt die Vorderbeine nun nicht mehr frei schwingend und mit möglichst viel Raumgriff nach vorne, was die natürliche Bewegung wäre, sondern zieht das Vorderbein nun vermehrt nach oben.

Dadurch verkürzt sich die tatsächliche Schrittlänge = der Raumgriff.

Wir sprachen schon über Spannungstritte – nun, dies ist ziemlich genau was dort passiert. Wenn Sie sich Videos bestimmter Dressurpferde der letzten Jahre ansehen wird Ihnen auffallen, wie einige von ihnen im Trab die Vorderbeine hochreißen. Achten Sie einmal darauf, wie kurz die Vorderbeine dabei treten. Dann schauen Sie sich ein Video von einem Pferd im Trab an, das mit den Nüstern als vorderstem Punkt den Kopf und Hals lang nach vorne und nach unten streckt. Der Unterschied im Raumgriff ist erheblich.

Diese Spannungstritte sind unter anderem der Kompensation über den Ellenbogen zu zuschreiben, welcher versucht, die Ausschaltung des natürlichen Bewegungsablaufes durch die enge Kopf-Hals-Haltung auszugleichen.

Ein Reiten des Pferdes in dieser Art und Weise führt auf Dauer *immer* zu einem Absinken des Brustkorbes.

Bei solchen Pferden findet sich außerdem ein extrem fester Rücken und eine bezeichnende Abwesenheit jeglicher Losgelassenheit sowie Durchlässigkeit. Die Bewegungen sind mechanisch und verbrauchen viel Energie, da der natürliche Bewegungsablauf des Pferdes durch den Reiter verhindert wird.

Im natürlichen Bewegungsablauf bringt der Arm-Kopf-Muskel das Vorderbein für den größtmöglichen Raumgriff so weit wie möglich und relativ lang und gerade nach vorne.

Bei einer hohen und/oder engen Kopfhaltung ändert sich die Funktion des Arm-Kopf-Muskels: das Vorderbein wird vermehrt nach oben gezogen und weniger weit nach vorne gesetzt.

Letztlich führt dies auch zu Erkrankungen durch Fehl- und Überbelastung der *kompensierenden* Strukturen.
Wenn der Arm-Kopf-Muskel dauerhaft angespannt bleibt, also nicht mehr optimal arbeitet, hat das drei besondere Auswirkungen:

1. Die Funktion des Arm-Kopf-Muskels als Gegenspieler des breiten Rückenmuskels ist nicht mehr gegeben.
   Ergo: der breite Rückenmuskel verbleibt in Kontraktion und kann sich nicht mehr in seine Ausgangslage = neutrale Postition = Entspannung zurückversetzen.

   Sehen Sie sich noch einmal die Abbildung des breiten Rückenmuskels an und rufen Sie sich in Erinnerung, was das in diesem Fall bedeutet: Wenn der breite Rückenmuskel sich zusammenzieht, versucht er seinen Ansatz (der sich in den beiden Muskeln an der Innenseite des Schultergelenks befindet und die beide das Zurückführen des Vorderbeines unterstützen) in Richtung seines Ursprunges zu ziehen = ergo: Richtung Rückenband/Brust-Lendenfaszie.
   Natürlich wird durch diese Spannung auch das Rückenband Richtung Schulter gezogen. Was für die Funktion des Nacken-Rückenbandes bedeutet: Sie ist nicht, oder nur gegen erheblichen Widerstand, möglich. Meistens ist ein Aufspannen des Rückens über das Nacken-Rückenband dann schlicht nicht mehr gegeben.

2. Der Arm-Kopf-Muskel kann seiner Aufgabe im Rumpftrageapparat nicht mehr nachkommen. Ein wichtiger Teil des Netzes, das den Brustkorb oben hält, fällt aus. Der Widerrist kann sich absenken, wodurch die Verspannungen in der Tragemuskulatur noch schlimmer werden und das Nacken-Rückenband nun gar nicht mehr zur Wirkung kommt.

3. Ist der Arm-Kopf-Muskel dauerhaft hyperton, verbleibt also in Anspannung, so kann sich dies auf die zwischen den Halswirbel austretenden Nerven des Plexus brachialis auswirken. Wir haben das bereits angesprochen, aber noch einmal zur Erinnerung: etliche der dort austretenden Nerven sind an der sensiblen und motorischen Versorgung der Strukturen der Vorhand beteiligt. Häufiges Stolpern bis hin zu Stürzen können ebenso die Folge sein, wie eine gestörte Versorgung der Sehnen, Gelenke und Bänder der Vorhand. Nicht selten kommt es in der Folge zu Erkrankungen der Vordergliedmaßen.
Meist sind hier die Beugesehnen und/oder der Fesselträger betroffen, aber auch Gleichbeinapparat und Fesselkopf stehen weit oben auf dieser Liste der häufigsten Folgen.
Sobald eine manifeste Erkrankung der Vorhand mit Schmerz und/oder Einschränkung der natürlichen Bewegungsabläufe vorliegt, führt dies zu kompensatorischen Blockaden im Genick, den Halswirbeln, im Kreuzbein sowie im

diagonalen Hinterbein und der komplizierte Kreislauf der Kompensationen beginnt.

4. Auch Koliken, Kotwasser und Verdauungsstörungen können eine Folge sein, da durch den in Kontraktion verbleibenden breiten Rückenmuskel auch Blockierungen der Brust- und Lendenwirbel entstehen können. (Zusammenhänge hier siehe Teil 1)

5. Durch diese Blockierungen und den Stress, der durch die schmerzhafte Verspannung der Muskulatur hervorgerufen wird, kommt es häufig zur Entstehung von Magenerkrankungen. Unterstützt wird dieses möglicherweise zusätzlich durch ein blockiertes Zungenbein. Wir erinnern uns: der Schulter-Zungenbein-Muskel ist über die Muskelkette Teil des Arm-Kopf-Muskels und zieht von der Schulterfaszie zum Zungenbein. Bei Kontraktion zieht er die Zunge zurück. Verbleibt er nun in Anspannung, kann der Schluckakt für das Pferd sehr unangenehm/schmerzhaft und schwierig werden. Es wird in der Folge häufig weniger Speichel abgeschluckt, welcher den einzigen natürlichen Puffer zur Magensäure bildet, die beim Pferd (im Gegensatz zum Menschen) immer im Magen vorhanden ist und daher die Schleimhäute angreift, sobald nicht genügend Speichel zur Verfügung steht

Merke: Durch das Reiten in negativer Spannung und mit engem Ganaschenwinkel sowie mit nicht angehobenem Rücken, können auch über diese Verbindung Lahmheiten der Vor- und Hinterhand sowie organische Erkrankungen ausgelöst werden.

Merke: Eine dauerhafte Anspannung des Arm-Kopf-Muskels ist sicherheitsrelevant, da die Irritation der Nerven des Plexus brachialis durch die anhaltende Muskelspannung zu Stürzen führen kann.

Wir sehen bereits an dieser Stelle, dass der Trageapparat des Pferdes weit größere Auswirkungen hat, als nur die vielbeschriebene Absenkung des Brustkorbes.

Der Brustmuskel

Der nächste Muskel im Rumpftrageapparat des Pferdes ist der sogenannte Musculus pectorales, zu deutsch: Brustmuskel.

Auch dieser Muskel wird durch einen Nerv aus dem Plexus brachialis innerviert und kann daher durch eine Verspannung der Schulter-Hals Muskulatur in seiner Funktion gestört werden.

Der Brustmuskel bildet quasi von unten eine stützende Aufhängung, die den Brustkorb am Absinken hindert indem er den Rumpf an den Vorderbeinen und am Brustbein befestigt. Des weiteren zieht er die Vorderbeine an den Körper heran und ist am Vor- und Zurückführen der Beine beteiligt.

Der Brustmuskel entspringt am Brustbein und den ersten 6 Rippenknorpeln und setzt in der Unterarmfaszie sowie am Oberarmknochen und in der Oberarmfaszie an. (Der Muskel hat mehrere Teile, die wir der Übersicht halber jetzt aber in einem zusammenfassen.)

Er hat also ziemlich viele Stellen, an denen er entspringt und somit einen verhältnismäßig kräftigen Zug aus verschiedenen Richtungen auf seinen Ansatz.

Ich habe die Erfahrung gemacht, dass ein anhaltend hypertoner Brustmuskel, wie es zum Beispiel sehr häufig bei Pferden der Fall ist, deren andere Rumpfträger bereits geschwächt sind, zu einer Entzündung der Bizepssehne führen kann. Dies ist mit erheblichen Schmerzen und hochgradiger Lahmheit verbunden. Wird nun lediglich die Entzündung der Sehne behandelt, der Tonus des Brustmuskels aber nicht reguliert, wird die Erkrankung leicht chronisch und das Pferd unreitbar. Das vielleicht noch zur Information.

Bei Pferden deren Haupt-Rumpfträger ermüdet sind oder die aufgrund anderer Dysfunktionen, Blockierungen oder Einschränkungen ihrer Funktion nicht mehr oder nicht mehr *vollumfänglich* nachkommen können, kann man häufig eine Vergrößerung der Brustmuskeln beobachten. Manchmal ist diese Vergrößerung einseitig stärker ausgeprägt und gibt dann Hinweise auf eine einseitige Schwäche anderer Rumpftragemuskeln.

Ursprung und Ansatz des Brustmuskels liegen recht lokal, die Verbindungen dieses Muskels beschränken sich also auf seine unmittelbare Umgebung.

Aber: Als ein wichtiger Bestandteil der Rumpf-Vorderbein-Verbindung sowie unmittelbar an dem Heranziehen, dem Vorführen und Zurückführen des Beines beteiligter Muskel, kann eine Verspannung oder Ermüdung hier natürlich ebenfalls schnell zu Schwierigkeiten führen.
Übertriebenes Training von Seitengängen und Traversalen sei hier gesondert erwähnt, aber im Grunde reicht schon das Herumstehen in der Box oder auf dem winzigen Paddock, denn dieser Muskel benötigt - genau wie jeder andere - den Wechsel zwischen An- und Entspannung, um geschmeidig, aktiv und gesund zu bleiben.

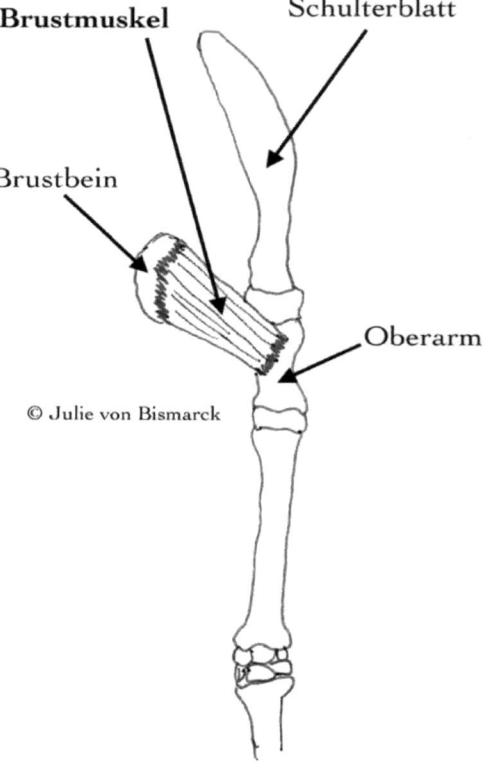

Brustmuskel Schulterblatt

Brustbein

Oberarm

© Julie von Bismarck

Der Brustmuskel hat mehrere Teile, hier ist nur der Anteil zwischen Oberarm und Brustbein aufgezeichnet.

Der Brustbein-Unterkiefermuskel

Der nächste Muskel im Rumpftrageapparat ist der sogenannte Musculus sternomandibularis, zu deutsch: Brustbein-Unterkiefer-Muskel. Wie der Name schon sagt führt dieser Muskel vom Brustbein zum Unterkiefer. Dies ist also der zweite Muskel, der den Rumpf des Pferdes an dessen Kopf befestigt.
Dort, im Kopf, liegt übrigens auch seine eigentliche Tätigkeit:
Er ist dafür zuständig das Maul zu öffnen und während des Schluckens den Rachen und den Unterkiefer festzustellen.
Das Öffnen des Pferdemaules und ein Teil des Schluckvorganges wird also durch einen Muskel veranlasst, der, von der Spitze des Brustbeines aus, den Unterkiefer nach hinten und unten bewegt.

Lassen Sie uns einmal betrachten, was das für uns Reiter bedeutet:
Jedes Zuschnüren des Pferdemaules verhindert die natürliche Bewegung des Unterkiefers.
Für den Brustbein-Unterkiefer-Muskel bedeutet das:
Er kontrahiert, um das Maul zu öffnen und/oder den Schluckakt einzuleiten, aber er bekommt den Unterkiefer nicht bewegt. In der Folge versucht er es mit höherer Anspannung, in der er schließlich verbleibt. Mit den bereits besprochenen negativen Folgen wie mangelnder Durchblutung, Übersäuerung, Schmerz, Ermüdung und Beeinträchtigung lokal austretender Nerven.

Der Muskel schafft es also nicht, den Unterkiefer zu bewegen. Beim Schluckakt bewegt sich der Unterkiefer aber im natürlich vorgegebenen Bewegungsablauf mit – das ist sogar bei uns Menschen so. Probieren Sie es gerne einmal aus. Lassen Sie den Unterkiefer locker und schlucken Sie – dann merken Sie, dass Ihr Unterkiefer sich dabei bewegt. Das ist die natürliche Bewegung. Nun drücken Sie sich den Unterkiefer mit den Händen um Nase und Unterkiefer fest an den Oberkiefer und schlucken Sie erneut.

Es ist möglich, aber Sie werden merken, dass Sie mehr Aufwand benötigen und mehr Strukturen/Muskeln zum Einsatz kommen, als beim Schlucken mit beweglichem Unterkiefer. Wenn sie nun auch noch ihr Kinn Richtung Brust ziehen und damit einen engen Genaschenwinkel simulieren, werden Sie sehen, wie viel schwieriger und unangenehmer das Schlucken dadurch noch einmal wird.

Der herauslaufende Speichel (auch übermäßiges Schäumen aus dem Maul) bei Pferden mit fest geschnürten Nasenriemen ist ein Zeichen für die dadurch entstehenden Schwierigkeiten des Pferdes beim Schlucken.

(Bei häufigem Training in dieser Art blockiert auch das Zungenbein. Bei einem blockierten Zungenbein kann es zu heftigen Schwierigkeiten beim Schlucken kommen, bis hin zur Verweigerung des Trinkens und der Kraftfutterausnahme, aus Furcht sich zu verschlucken. Siehe ausführliches im Kapitel Zungenbein im Teil 1.
Ein blockiertes Zungenbein hat außerdem immer negative Auswirkungen auf die Beweglichkeit der

Schulterfaszie und kann zu Lahmheiten der Vorhand führen.)

Bewegungseinschränkungen des Unterkiefers aus anderen Gründen als dem zugeschnürten Nasenriemen rufen natürlich dieselben Schwierigkeiten hervor.
Das bedeutet:
Blockierungen der Kiefergelenke oder Dysfunktionen/Hypertonie in der Kaumuskulatur können auf diesem Wege zu Blockierungen des Brustbeines und einer negativen Beeinflussung des Rumpftrageapparates führen.

Ich habe bereits viele Fälle von wiederkehrenden Blockierungen des Brustbeines oder der ersten Rippen behandelt, in denen sich letztlich hartnäckige Zahnfehlstellungen, Haken die übersehen worden waren (beides beeinflusst die Kaumuskulatur) oder nicht diagnostizierte Blockierungen, arthrotische Veränderungen oder Entzündungen der Kiefergelenke als Verursacher herausstellten.
Denken Sie in so einem Fall also immer auch an die Zähne und die Kiefergelenke sowie die Kaumuskulatur.

Andersherum kann ein chronisch hypertoner Brustbein-Unterkiefermuskel auch ebendiese Schwierigkeiten an Zähnen und Kiefergelenken verursachen und sollte daher im Falle wiederkehrender Funktionsstörungen in diesem Bereich immer mit untersucht werden.

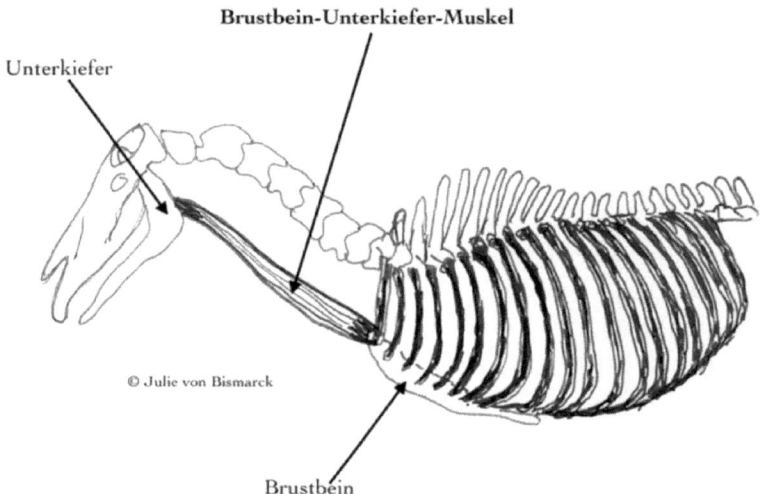

Brustbein-Unterkiefer-Muskel

Unterkiefer

© Julie von Bismarck

Brustbein

Der Muskel reicht vom Brustbein bis zum Unterkiefer und zieht bei Kontraktion den Unterkiefer Richtung Brustbein, was zum Öffnen des Maules führt.

Der „Unterschlüsselbeinmuskel"

Der nächste Muskel im Bunde der Rumpfträger ist der Musculus subclavius, der „Unterschlüsselbeinmuskel". Ich gebe zu, dass dies beim Pferd ein eher unpassender Name ist, da, wie wir alle wissen, das Pferd gar kein Schlüsselbein besitzt.

Auch dieser Muskel zählt zu den aus dem Plexus brachialis innervierten Muskeln und kann sich durch anhaltende Anspannung somit selbst in seiner Funktion stören, da er mit zu den Muskeln gehört, die im Bereich der aus dem Plexus austretenden Muskeln verlaufen.

Er entspringt am 1. bis 4. Rippenknorpel und am Brustbein und setzt in der Schulterfaszie und einem Schultermuskel (dem Musculus supraspinatus) an. Letzterer dient als Strecker des Buggelenks und als Feststeller desselben. Die Fixierung des Schultergelenks ist auch Aufgabe des Unterschlüsselbeinmuskels. Neben seiner Arbeit als Rumpfträger, natürlich.

Bei Pferden die viel, hoch und ohne die entsprechend langwierige und vorsichtige Vorbereitung sowie Jahre währenden Aufbau gesprungen werden, ebenso wie bei Galopprennpferden, ist dieser Muskel häufig als harter Strang vor dem Schulterblatt zu tasten und bei dünneren Pferden auch gut zu sehen.

Eine Verspannung dieses Muskels ist *immer* auch ein Hinweis auf eine drohende Erschöpfung des Rumpftrageapparates und außerdem eine Vorhersage für Lahmheiten der Vorhand.

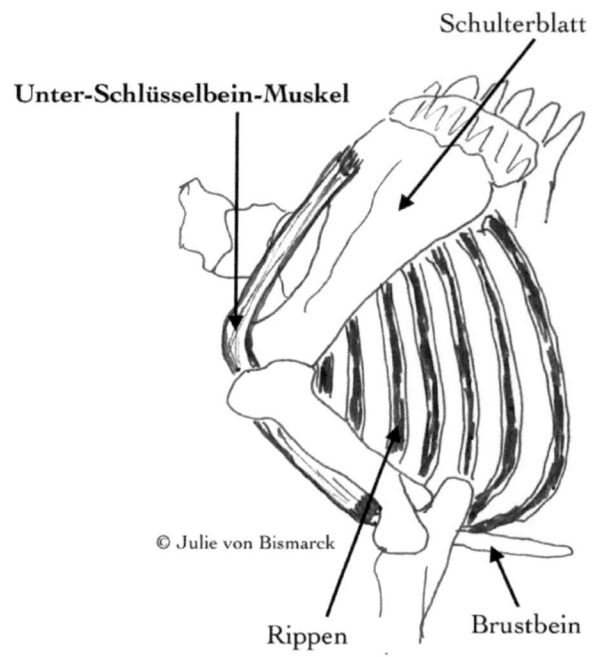

Schulterblatt

Unter-Schlüsselbein-Muskel

© Julie von Bismarck

Rippen

Brustbein

Besonders bei nicht adäquat vorbereiteten / überforderten Springpferden oft deutlich zu sehen und zu fühlen: der Unter-Schlüsselbein-Muskel.

Der gesägte Muskel

Der letzte und wichtigste Rumpfträger ist der Musculus serratus, zu deutsch: der gesägte Muskel.
Wir haben im Kapitel „Galopp" bereits kurz über ihn gesprochen.
Der gesägte Muskel besteht aus zwei Teilen und ich habe offen gestanden noch nie verstanden, weshalb diese beiden in *einem* Muskel zusammengefasst werden.
Sie liegen nämlich durchaus an verschiedenen Stellen.
Die einzige Gemeinsamkeit ist, dass beide Teile an der Innenseite des Schulterblattes ansetzen.
(Der hintere Teil allerdings zusätzlich auch noch am Schulterblattknorpel.)
Der vordere Teil hat seinen Ursprung an den seitlichen Fortsätzen des 4. bis 7. Halswirbels und sein hinterer Teil entspringt an den ersten 8 bis 9 Rippen – das ist ziemlich weit auseinander, finde ich. Ansatz für beide Teile ist die Innenseite des Schulterblattes.

Dieser Muskel bildet mit seinen zwei Teilen *den wichtigsten Teil* der Befestigung des Brustkorbes an den Schulterblättern.
Er dient außerdem als Heber des Halses in der Stützbeinphase, also wenn das Vorderbein der jeweiligen Seite am Boden ist, und als Hilfs-Atemmuskel bei der Einatmung.

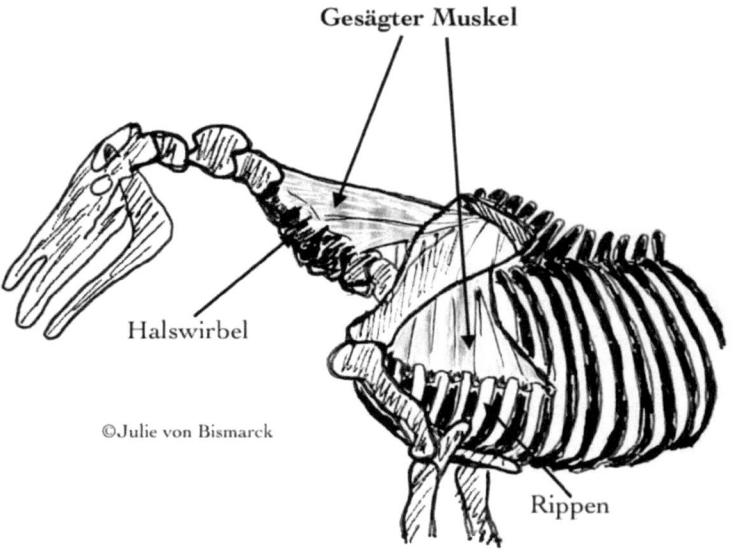

Gesägter Muskel

Halswirbel

©Julie von Bismarck

Rippen

Die zwei Partien des Gesägten Muskels - ziemlich weit auseinander, aber auf der Innenseite des Schulterblattes vereint und optimal geeignet, um den Rumpf zu tragen.

© Julie von Bismarck

Kommt bei jedem Reiten in reellem vorwärts-abwärts zum Tragen (buchstäblich, da er den Rumpf des Pferdes trägt): Der gesägte Muskel. Auch deshalb ist ein regelmäßiges, reelles vorwärts-abwärts so wichtig.

Unpassende Sättel, zu festes Gurten und zu schwere und/oder mit den Beinen klemmende Reiter können über diese Verbindung die Einatmung des Pferdes zusätzlich erschweren.

Wenn man sich den Verlauf und die Funktion dieses Muskels ansieht lässt es sich leicht nachvollziehen, dass auch hier eine Haltung, wie sie beim Grasen oder Wandern über die Steppe eingenommen wird, (Nüstern vorderster Punkt, Kopf auf Höhe des Buggelenks oder tiefer, bis hin zu am Boden) diesem Rumpftragemuskel seine Arbeit erleichtert.

Durch das Senken des Kopfes kommt Zug auf die an den Halswirbeln ansetzende Partien welche sich über die Verwachsung hinter dem Schulterblatt auf die an den Rippen ansetzenden hinteren Partien des Muskels überträgt und damit den Rumpf schon quasi nur über diesen Zug oben hält.

Diesen Muskel in seiner Funktion zu stören ist durch seine Verbindung zur Halswirbelsäule und zu den Rippen leider relativ einfach. Ein Herausheben des Pferdes ist dabei ebenso schädlich, wie eine erzwungene oder falsche Anlehnung.

Aber auch Erkrankungen der Atemwege oder eine ermüdete Atemmuskulatur, beispielsweise durch langes Traben und mangelnde oder komplett fehlende Galopparbeit können diesen Muskel überstrapazieren und so in seiner Funktion als Haupt-Rumpfträger des Pferdes beeinträchtigen.

Bei Pferden, die den Kopf sehr oft sehr hoch tragen, kann es über den gesägten Muskel zu einer

Rückständigkeit der Vorderbeine kommen. Die vordere Partie des Muskels zieht dann das Schulterblatt nach vorne, wodurch die Beine nach hinten wandern.

Dies sieht man häufig bei Pferden (vornehmlich Hengsten) mit einem hohen Aufsatz und eher nervösem Wesen, die also viel „Gockeln", sprich: den Kopf sehr oft sehr hoch nehmen, um imposanter zu wirken.
Auch hier ist dann die Lösung - wie bei fast allen Schwierigkeiten mit dem Pferd - die Arbeit an der Losgelassenheit.
Ist das erreicht, lässt das Pferd also den Hals locker aus dem Widerrist fallen und streckt die Nase dabei weit nach vorne, so löst sich die Rückständigkeit der Vorderbeine durch regelmäßige Bewegung in dieser natürlichen Haltung wieder auf.
Natürlich nur dann, wenn sie auch durch eine Verspannung des Musculus serratus hervorgerufen wurde und nicht zum Beispiel durch eine angeborene Fehlstellung bedingt ist.

Sie sehen nun: der Rumpftrageapparat ist weit mehr als nur die Aufhängung des Körpers zwischen den Vorderbeinen. Seine Muskeln haben Verbindungen zum Hals, Unterkiefer, Zungenbein, den Rippen, der Atmung, dem Nackenband, dem Nackenstrang, dem Rückenband und zur Lendenfaszie.
Kurzum: Sie reichen durch das ganze Pferd hindurch.

Eine Schwächung oder Erschöpfung dieser Muskeln kann daher unzählige verschiedene Ursachen haben aber man kann sich folgendes merken:

Jede Körperhaltung und jedes Training, welches die Funktion des Nacken-Rückenbandes zum Aufwölben des Rückens einschließt, kommt gleichzeitig auch den Strukturen des Rumpftrageapparates zu Gute und kräftigt diese in erheblichem Maße.

Andersherum werden beide Konstruktionen in ihrer Funktion geschwächt durch: ein langes Herumstehen in einer kleinen Box oder auf einem kleinen Paddock, das Reiten in enger Halshaltung, mit großem Druck auf dem Zügel oder auf einem Pferd, das den Kopf in die Luft streckt und den Rücken wegdrückt, durch unpassende/schmerzhafte Sättel, zu schwere Reiter sowie durch die Arbeit des Pferdes, ohne dabei eine reelle mentale und körperliche Losgelassenheit erreicht zu haben.

(Eine Ermüdung des Rumpftrageapparates kann auch durch Blockierungen im Bereich des Widerrists, des Brustbeines oder der Rippen entstehen, die zumBeispiel durch Atemwegserkrankungen oder Unfälle hervorgerufen wurden, also ohne, dass der Reiter auch nur das Geringste falsch gemacht hat.

Das ist aber ehrlich gesagt eher die Ausnahme.)

Meistens sind mehrere Faktoren beteiligt, die häufigsten sind aber mangelnde Bewegungsfreiheit, mangelndes reiterliches Können und das Reiten in erzwungenen Haltungen.

Hinweise auf Schwierigkeiten im Trageapparat des Pferdes sind unter anderem:

- Das Pferd läuft stockig und in den Boden
- weigert sich zu galoppieren oder zu springen
- der Raumgriff der Vorderbeine nimmt ab
- das Gangbild wirkt insgesamt steif und fest

- Gurtzwang
- gebundener Schritt
- Verkürzung der Vorführphase
- nach oben ziehen der Vorderbeine (Spannungstritte)
- abgesackter Widerrist und Rücken
- aufgezogene Lendenpartie
- nach innen kippen der Vorderbeine
- Rückständigkeit der Vorderbeine
- Lahmheit der Vorhand
- unterschiedlich hohe Führung der Vorderbeine (kann auch auf eine Blockierung im Carpalgelenk hinweisen siehe Teil 1)
- Vorführphase auf einem Bein kürzer

Merke: Der Trageapparat des Pferdes wird durch uns Reiter sehr schnell gestört und in seiner Funktion beeinträchtigt. In der Folge kann das Pferd den Rücken nicht mehr anheben, er sinkt ab, die Wirbel haben zu wenig Platz, das Pferd kann das Reitergewicht nicht mehr tragen.

Genau für diesen Teil des Pferdekörpers, den Trageapparat und die obere Verspannung, wurden die Regeln der Reiterei geschaffen. Denn es war allen bewusst, dass der angehobene Rücken des Pferdes das Einzige ist, was es in die Lage versetzt, trotz Reitergewicht und den durch den Reiter gestellten Anforderungen gesund alt zu werden.

Wenn wir uns all die Besonderheiten des Pferdes ansehen und uns deutlich machen, wie leicht wir die natürlichen Bewegungsabläufe und Funktionen im Pferdekörper stören können, wie groß unser Einfluss auf das Wohlbefinden des Pferdes also tatsächlich ist, dann sollte es eine Selbstverständlichkeit für jeden von uns sein, all unser Bemühen in die Ausarbeitung unserer Fertigkeiten zu setzen. An unserer Fitness ebenso zu arbeiten wie an unserer Selbstkontrolle und niemals, niemals unfair zu unseren Pferden zu sein.

Meine Großmutter sagte immer:
„Bevor man sich festzieht muss man absteigen."
Mit „festziehen" meinte sie dabei durchaus nicht erst das aus Frust und Ungeduld entstehende Geruppe und Geriegele, das man mancherorts zu sehen bekommt.
Sie meinte auch nicht erst das Reiten mit extremem Druck auf dem Zügel, wie es vielerorts ganz normal zu sein scheint.
Bei ihr begann das Festziehen schon in dem Moment, indem man versuchte, eine Anlehnung oder Beizäumung zu erzwingen - anstatt so lange am langen Zügel weiter zu reiten, bis das Pferd von alleine den Hals nach vorne unten dehnte.
Als Jugendliche fehlte mir manchmal die Geduld dafür und ich versuchte es zwei- oder dreimal mit Druck. Auf den Pferden meiner Großmutter scheiterte ich mit diesem Versuch erbärmlich. Sie reagierten mit Gegendruck, rissen den Kopf noch höher gen Himmel und wurden garstig.
Und zwar zu Recht.

Sie waren es gewohnt, mit Gefühl, Geduld und exzellenter Unterstützung durch den Reiter erst einmal in die Losgelassenheit gebracht zu werden und sahen überhaupt nicht ein, warum ihnen ein dummes, unfähiges Gör im Maul herumzog und ihnen in die Seite trat (etwas übertrieben gesagt), statt sie in aller Ruhe ihren Bewegungsablauf mit dem nicht perfekt sitzenden Reiter (mir) auf dem Rücken finden zu lassen.

Bereits nach wenigen Minuten meines frustrierten Einwirkens gingen diese Pferde keinen einzigen Schritt mehr Schritt, sondern zackelten mit hocherhobenem Haupt unter Hochspannung und mit gelegentlichen Andeutungen eines Bockens oder Steigens über den Reitplatz. Bei einem von ihnen musste ich im Zackeln absteigen, weil ich nicht einmal mehr anhalten konnte.

Nach diesen Erlebnissen brachte ich die durchlässigen, federnden, Grand Prix fertigen Pferde meiner Großmutter frustriert zurück auf die Weide.

Das lehrte mich, ein solches „Festziehen" um jeden Preis zu vermeiden.

Bei den heutigen modernen Pferden ist eine solche Lehrstunde aufgrund ihrer extremen Duldsamkeit - und weil sie es eben oft von Anfang nicht anders gelernt haben - leider in der Regel nicht mehr gegeben.

Es würde vieles einfacher machen, wenn die Pferde sich nicht so viel gefallen lassen würden. Aber das tun sie nun einmal und deshalb ist es unsere Verantwortung als Reiter, nichts zu tun, was ihnen schaden könnte.

Dass meine Großmutter so entsetzlich wütend wurde, wenn jemand einem Pferd im Maul herumfuhrwerkte oder in irgendeiner anderen Weise grob zum Pferd war, schien mir immer ganz normal. Die Erkenntnis darüber wie *sehr* sie damit Recht hatte wurde mir erst in vollem

Umfang bewusst, als ich mit den Auswirkungen konfrontiert wurde, die derartiges Verhalten in den Pferden hinterlässt. Mit was für vermeintlich kleinen Einwirkungen der Reiter die ausgeklügelten Bewegungsabläufe des Pferdes bereits empfindlich stören kann und in welchem Maße das Pferd auf diese natürlichen Bewegungen, ganz gleich wie unscheinbar und klein sie dem Menschen erscheinen mögen, angewiesen ist. Als ich erkannte, wie unglaublich unfair es war, dass Pferde von ihren Reitern zu Leistungen getrieben wurden, die sie aufgrund eben genau dieser Reiter nur unter erheblichen Schmerzen und größter Anstrengung erbringen konnten - oder einfach gar nicht mehr zu erbringen in der Lage waren.

Weil der Reiter ihre natürlichen Bewegungsabläufe, die Funktionen der Muskulatur und Gelenke, das perfekte Zusammenspiel aller noch so kleinen Bewegungen im Pferdekörper zunichte gemacht hatte.

Lassen Sie es nicht so weit kommen.
Seien Sie ein Reiter nach den alten Maßstäben. Stellen Sie das Wohl Ihres Pferdes über alles andere und befolgen Sie zu diesem Zweck die alten Regeln der Reiterei, wie sie unter anderem in der Heeres - Dienstvorschrift 12 nachzulesen sind.

Seien Sie ein Reiter, der seinen Freund das Pferd mit allen Mitteln beschützt.

© Julie von Bismarck

Danksagung:

Ich danke meinem Mann dafür, dass er mir für dieses Buch buchstäblich den Rücken freigehalten hat. Obwohl er Reiten für gefährlich hält und Pferde für, naja, hübsch. Ohne seine Unterstützung hätte ich dieses Buch auch in 5 Jahren noch nicht fertig schreiben können.

Weitere Bücher zum Thema Pferd und Reiten:

- Zusammenhänge im Pferd

- Mit dem Pferd statt auf dem Pferd

- Reitsport - Auf dem Rücken des Pferdes

- Reeva und die Pferde - Sommer auf Gut Balmore

INHALTSVERZEICHNIS

Ein Wort vorab   S. 6

1. Kapitel
Pferdefreunde   S. 10

2. Kapitel
Fakten zum Pferd   S. 34

3. Kapitel
Die Fähigkeit des Pferdes
Lebewesen lesen zu können   S. 44

4. Kapitel
Die Fähigkeit des Pferdes
zur Kompensation   S. 61

5. Kapitel
Gymnastizierung und
Losgelassenheit   S. 72

6. Kapitel
Noisy Brain   S. 92

7. Kapitel
Schritt und der Übergang
zwischen Hals und Schulter   S. 103

8. Kapitel
Der Galopp   S. 118

9. Kapitel
Der Trageapparat   S. 154